视觉动物

好印象就是好人设

［瑞典］安吉拉·阿霍拉（Angela Ahola）著

陈能祥 译

中国水利水电出版社
www.waterpub.com.cn
·北京·

内 容 提 要

　　《视觉动物：好印象就是好人设》是一部探讨我们如何评断他人又如何被他人评断的作品。我们给他人留下印象，同样，他人也给我们留下印象。我们的人际关系——或私人或职业——无论是面对面，还是通过社交媒体或者电话，其共同点是它们都始于第一印象。第一印象决定了许多重要决定的诞生；决定了他人是否想要与你合作、聘用你、购买你销售的商品、接受你的约会或者领导。一切都始于第一印象。

图书在版编目（CIP）数据

　　视觉动物：好印象就是好人设 /（瑞典）安吉拉·阿霍拉著；陈能祥译. -- 北京：中国水利水电出版社，2021.3
　　ISBN 978-7-5170-9496-8

　　Ⅰ．①视… Ⅱ．①安… ②陈… Ⅲ．①心理交往－通俗读物 Ⅳ．①C912.11-49

中国版本图书馆CIP数据核字（2021）第048854号

THE ART OF MAKING AN IMPRESSION by Angela Ahola ©2016
This edition arranged with ENBERG AGENCY AB
through Andrew Nurnberg Associates International Limited

北京市版权局著作权合同登记号：01-2021-0964

书　　名	视觉动物：好印象就是好人设 SHIJUE DONGWU: HAO YINXIANG JIUSHI HAO RENSHE
作　　者	[瑞典] 安吉拉·阿霍拉（Angela Ahola）著　陈能祥　译
出版发行	中国水利水电出版社 （北京市海淀区玉渊潭南路1号D座　100038） 网址：www.waterpub.com.cn E-mail：sales@waterpub.com.cn 电话：（010）68367658（营销中心）
经　　售	北京科水图书销售中心（零售） 电话：（010）88383994、63202643、68545874 全国各地新华书店和相关出版物销售网点
排　　版	北京水利万物传媒有限公司
印　　刷	天津旭非印刷有限公司
规　　格	146mm×210mm　32开本　9印张　190千字
版　　次	2021年3月第1版　2021年3月第1次印刷
定　　价	49.00元

Part 1　　第一印象的决定性作用

Chapter 1　　决定命运的瞬间　／　002

Part 2　　懂点心理学效应，
　　　　　　 让第一印象为你加分

Chapter 2　　我们想了解对方什么　／　014

Chapter 3　　刻板印象、偏见和"黑绵羊"　／　035

Part 3　那些决定第一印象的
　　　　　　具体要素

Chapter 4　　　　一切的总和　/　056

Chapter 5　　　　感觉和环境　/　070

Chapter 6　　　　身体语言——姿势和手势　/　085

Chapter 7　　　　握手、拥抱、抚拍或亲吻　/　115

Chapter 8　　　　这些都写在脸上　/　127

Chapter 9　　　　声音也是个人品牌　/　146

Chapter 10　　　记忆的味道　/　162

Chapter 11　　　"美的就是好的"　/　175

Chapter 12　　　成功的穿衣之道　/　207

Chapter 13　　　看起来好多了　/　222

Chapter 14　　　互联网上的第一印象　/　236

Chapter 15　　　公司、品牌和购买决策　/　258

Chapter 16　　　结束语　/　278

Part 1

第一印象的决定性作用

Chapter **1** 决定命运的瞬间

人际关系多种多样，长短各异。有私人交往，也有职场相会。或起于四目相对，或通过社交媒体、电话沟通产生。但它们有个共同点，那便是任何形式的人际关系都是从第一印象开始：诸多重要的决定汇聚于一个关键时间点，等着被评判。这一刻决定了他人是否愿意和你合作，雇用你，约见你，买你的东西，接受你的领导。在这样一个关键时刻，细节决定一切。

　　本书讲述了最容易被我们低估的成功法则。它完全基于神经心理学和社会心理学等多种学科，同时又融会贯通了现代传播趋势、感官营销、社交媒体行为，以及对购买行为的研究等。

➤ 公元前2700年，欧洲南部某地

　　男人感觉到他自己快要死了。在他的心里，他已经为那最后的时刻做好了准备。

　　那是奥古斯快要到达他老家的最后几天，他时时刻刻都能感受到饥饿和疲累，但现在还不是露营的时候。只要马儿还能跑，奥古斯就想多赶一程路。

　　奥古斯驰骋在一片无边的平原上，视野很好，阳光也正好，遍地草儿正在焕发新绿……

　　他想：春天要来了！

　　远方的地平线上，他看到一个人骑着马朝着他疾驰……

　　渐渐地，他可以看清那个人了！那人非常壮实，有着宽厚的肩膀。他的衣服不是奥古斯熟悉的样式。奥古斯猜他应该来自北方。

　　骑马人越来越近了。奥古斯感觉到那个人和他一样，头脑中在急切地判断着："他是谁？他来自哪个部落？我可以信任他吗？他是好人还是坏人？"

　　陌生人放慢了马速，他们之间的距离近到可以用眼神交流了。

　　现在，也是到了他们必须做出判断的时候了：是否要下马问候对方？

　　奥古斯感觉肾上腺素往上冲，猛然，他想到了腰带上还有一把小刀。

　　他看到陌生人有些犹豫，并且嘴角有一丝不确定的笑意。

　　那是友善的微笑吗？嗯，是的。奥古斯确信。他注意到了对方的善意，陌生人的双手明显是空着的。"很好。"奥古斯想着，

然后感觉自己平静了很多。

两个人相互释放出善意并礼貌地问候了对方。他们发现，两个人讲的是同一种语言，只是口音不同。

两个男人继续有意识地寻找着共同点。慢慢地，敌意在减少……

他们发现互相之间是朋友，而不是敌人。

➤ 公元2016年，斯德哥尔摩

一个星期一的早晨，七点一刻。

赛巴斯提安只穿着内裤站在客厅熨烫他刚洗过的白衬衫。

今天是很重要的一天。

"需要打领带吗？"他自言自语。

"不，这看上去太正规，显得古板。"

他决定不打领带，但衬衫必须干净而笔挺。

赛巴斯提安是个设计师。最近两年他都在进行一个新项目。他一直和一些潜在的投资者保持联系，因为他们都表现出了兴趣，说他的项目很好。

现在，他终于获得了一个机会，受邀和一个潜在的投资者面谈。赛巴斯提安想，这应该表示对方很有兴趣。

衬衫熨好了。他穿上它，打扮整齐，跳上汽车，驶入车流中。在约定时间的前一刻钟，他驶入了一个停车场，然后到接待处报到。

这时，一丝担心涌上他的心头，但很快消失了。他觉得现在没有时间担心和犹豫了，就这样吧。

➤ 第一印象

你刚刚看到了两个截然不同的事件的描述，虽然它们发生在两个完全不同的时代和环境里，但还是有一些东西可以把它们联系在一起。那就是我们会经常一次又一次地遇上类似的事：第一次与一个陌生人相见。

现在，我们很少在瑞典一望无际的平原上一个人骑马，很少有机会在森林里和一个陌生的男人或女人近距离对视，很少需要为填饱肚子而战斗，在饥荒中生活或者独自恐惧地面对掠食者。

今天，我们居住在有近在咫尺的邻居的公寓或者别墅里。我们有安全带、自行车头盔，以及针对各种不同的危险情况的自我保护装置。我们的生活比以往任何时候都更有保障。

尽管如此，第一印象还是非常重要。每一天，每一时，每一分，每一秒，在我们过往的生活经验的基础上，我们都在通过视觉、听觉、触觉来评估我们所处的环境：我们会尽可能避免陷入险境，而乐于接受让我们感觉舒适的人和环境。

在一个日新月异的全球化世界中，我们需要快速地对别人进行判断。

我们应该雇佣谁？哪些人最具创造力？哪些人可以一起合作，构建最有效的工作团队？跟谈判桌对面的人谈判时最有效的策略是什么？

对于所有这些决定，对他人的正确评估是关键因素。

当你接触到一个陌生人时，要运用你所有的感官去获取信息，用以快速评估是可以跟这个人和睦共处，还是最好保持距离？

同样，对方也在快速地对你进行评估。

顾客、面试者、雇员、合伙人、竞争对手，甚至你刚认识的一个约会对象都会在问：我可以信任你吗？你好相处吗？你有能力吗？你有影响力吗？

这些判断时刻影响着一个人接下去的行为。

我们需要理解并明白对方怎么看待我们，同时，我们也需要正确理解对方。

这本书涉及一个方程式的等号两边——判断和被判断。

一个好消息是，你可以影响你自己。

当读完这本书，你将了解其他人如何得出关于你的结论，你还将知道如何在短期和长期内建立起属于你自己的高度自信和良好的社会关系。

而且，如果你希望有成功的初次约会、在工作中取得进步、获得新工作，或者你有重要的想法要让别人听到、听懂，那么你将会在本书中得到一系列适合你在以后可能会或者一定会遇到的各种情况的有价值的建议和事实的陈述。

➤ 我是谁

我是安吉拉·阿霍拉，瑞典人，一名基础科学研究家、心理学博士。

在我一生的大部分时间里，我一直痴迷于研究社会心理学和感知心理学：我们如何通过感官接收和我们有关的世界、人类的信息，以及这些信息如何影响我们的行为和决定？是什么使我们喜欢并信任某些人？是什么让我们在一个组织中感到安全？为什么我们会选择这一种而不选择另一种产品？

今天，我是一名研究员、演讲者、创新者和企业家。对我来说，这种组合绝对是很棒的。很多时候，虽然工作起来并非总是那么容易，但是，我有机会看到实际工作中有哪些具体的挑战和问题，并提出进行相关研究的具体建议。同时，由于这些研究，我有机会在自己的企业中应用从现实生活中探索、感悟到的知识。如果我只做学术，只发表学术论文，我可能不会成为和现在的角色同样"好"的研究员。反过来也一样。

就像案例中的塞巴斯蒂安一样，我本人也会在准备参加每一次重要会见之前站着熨烫衬衫。

然后我去参加各种会面、会议，在这个过程中有些事情可能做对了，有些可能做错了，但我一定都是在行动当中。也许做错了几次后才真正确定这不是解决问题的方法。有时候，我事情做对了几次之后，才开始形成模式。

这是你创建成功的会见、会议和良好关系的方式吗？这是你能做到的吗？

我以前研究的一些对象，包括瑞典法官、陪审团成员和警察，目的是调查在对犯罪嫌疑人的判断中，犯罪嫌疑人的外表和性别是否会对他们造成影响？造成什么影响？以及在多大程度上造成了影响？诸如此类在司法审查中本不应发挥作用的事物。

当结果变得越来越清晰时，我不禁感到惊讶，即使这些受过最大客观性训练的专业人员也会受到各种不相关因素的影响。

那我们这些非专业人员呢？

当然，我在专业背景下遇到的所有人也都或多或少会受到我许多内在特征的影响，而这些特征对他们来说本来无关紧要。

学员们会受到他们的教师或者教练的特征影响，招聘人员在不知不觉中也会受到影响，并可能基于完全出乎意料的因素而雇用求职者。

➤ 智人1.0

以前，要发生一段新的关系，我们要互相见面，会看到彼此的面部表情、动作、衣着、身体姿势等等。

今天，雇主可以在雇佣之前在谷歌、百度上对求职者进行搜索，客户可以在参加会见之前查看我们在领英上的个人资料，而医护人员可以在见到患者之前先在网上查阅他的病历，了解他的一些基本情况。

网上约会，这在以前是从来没有的。如果进展良好，我们可以线下见面在咖啡馆或者餐厅。

效率高一点儿的话，我们能在网恋的同时，下午三点去托儿所接孩子，或去参加下班后的啤酒之约。

此外，与以前不同的是，我们附近有许许多多的陌生人。一个人生活在一个人口规模比较大的城市中，也许只需要一天，遇到的人可能就比一个生活在石器时代的人一辈子遇到的还多。

仅在最近几十年，我们的生活环境就发生了根本性的变化。但是，我们人类的进化并没有以相同的速度进行调整。你和我，智人物种，仍然存在于数十万年前的同一个版本中，就是"智人

1.0"。

迄今尚未出现具有更新且更复杂的"思维软件"的"智人2.0"，这意味着我们的直觉、需求和感受与石器时代的人相同。

我们的智力与其他哺乳动物截然不同。但是，我们与动物的大脑有一部分是相同的，即爬行动物脑[1]，它使我们以某些自动和本能的方式做出反应。

在我们与陌生人见面的第一眼，爬行动物脑就开始启动、工作，也就是完成了第一印象的建立。

所以第一印象至关重要，它瞬间形成且会长期存在，很难改变。

当其他人第一次遇到你时，他们立即对你产生第一印象。即使以后出现与第一印象相矛盾的信息，他们仍然倾向于坚持自己固有的第一印象，至少会持续到他们获得足够的以证据证明他们对你的第一印象是错误的时候。

➤ 什么是最重要的

那么，我们需要学习什么？怎么做才能成功？在我们的关系中，建立信心、信任和影响力确切的原因是什么？

阅读本书的你肯定很友善、能干且可靠，但是，你如何更好地与世界沟通呢？

1　编者注：指脑干和小脑。神经学家保罗·麦克里恩提出了"人脑的三位一体"理论，假设人类颅腔内有三个脑，即新哺乳动物脑、古哺乳动物脑和爬行动物脑，每个脑通过神经与其他两个相连，但各自作为独立的系统运行。

如果你觉得你只需要说"我是一个善良的人，你可以绝对地相信我"就够了，那么你就不需要这本书。

但是事情永远不会这么简单，我们需要使用完全不同的方式来得出对彼此的结论。

导致我进入感知心理学研究领域的一个原因是：在我十几岁时，我在一支死亡金属乐队里演奏，我穿得就像你印象中死亡金属乐队成员们一样，然后我发现自己受到了不同的对待。所以我开始在斯德哥尔摩大学心理学系读书，在那里，对学生们的着装要求是完全不同的。

我开始疑惑：其他人会如何看我？他们是否会根据我的穿衣打扮来判断我的身份？还是由我的名片来决定？又或者由我的手势、驾驶的汽车，以及我是否经常微笑来判断？

与建立印象有关的一切都让我着迷：第一印象、我们的感官、感知力、偏见和刻板印象等。

我现在知道，在最初关键的几秒内，其他人会直接从我们身上读到许多特征。而且我也知道，假如你有良好的意愿，却给人留下不好的第一印象，你该怎么做来改变它。

写这本书的目的，我不仅仅是阐述第一印象是所有关系中的关键时刻，还将教你一种让人印象深刻并持久的艺术。

你手中的书将为你提供所需的答案，使大家在工资谈判、求职面试、客户会见、网络营销和小组演讲中取得更大的成功。

你还将发现你在约会和交友方面能建立积极关系的因素。当然，也可以让你意识到我们和别人是如何互相做出不公正和不正确的快速判断的，这也很重要。

无论你是谁，也无论你打交道的方式如何，给人留下深刻印象的技巧是你可以获得最重要的能力之一，因为它涉及我们最被低估的成功原则。

当我出差的时候，经常在"你愿意为自己买单吗"的标题下演讲。我们当然愿意！

我们了解自己，但是也要让其他人更容易了解你。

在本书接下来的内容中，我将确保你在创建美好的第一印象中得到最酷、最有用和最具启发性的研究结果。然后，你的任务就是从中挑选出适合你的，在生活和会见中运用新知识以建立更好、更真实、更清晰和更被信任的关系。

我相信这就是创造真正成功的方式。

我们一起努力！

没有人是一座孤岛，
在大海里独踞。
每个人都像一块小小的泥土，
连接成整片陆地。

——约翰·多恩（英国诗人，1572 ~ 1631）

Part 2

懂点心理学效应，让第一印象为你加分

Chapter **2** 我们想了解对方什么

生活中，我们并没有同等的机会获得理想的工作或伴侣，一切取决于我们留给他人的第一印象。人们看待我们的方式各不相同，这样就产生了很多问题：我们什么时候可以凭直觉快速做出正确的判断？我们能操控别人对自己的看法吗？在重大会面场合，如何利用烟雾探测器原理、确认偏差和晕轮效应为自己谋利？

通过阅读本章，你会了解到，为什么从古至今第一印象的快速营造简直生死攸关；我们身上的哪种特质总会先声夺人；为什么我们会觉得冷酷、强硬的领导会比温和、友善的上级更有能力。

出门匆匆忙忙，在高速公路上还遇到了些麻烦，但最终丽瑟洛特还是按时赶到了上班地点……她像一只蝴蝶飞进办公室，脱掉外套，倒了一杯咖啡，然后登录电脑开始了一天忙碌的工作。

今天，她有八项工作计划需有结果，八个案件需开始执行。对于生活困难的执行案件当事人来说，他们都希望尽快有个结果。

丽瑟洛特在法院工作，是一名法官。她经常需要在阅读案卷时抓住核心内容而忽视其他所有无关的信息：基于合理的怀疑和判断去了解一个人何时、为什么有犯案的动机，从而发现事实，避免无辜者受害。

丽瑟洛特喜欢她的工作，每一天都有不一样的挑战。

今天的首要任务很简单，被告已经认罪，只需要完成例行的书面作业。很好！

接下来的任务是审判。丽瑟洛特进入法庭，看到被告人贝迪·约翰逊已经坐在那里了，穿着熨烫得整整齐齐的白色衣服，腆着大肚子。他看起来好像很有压力，状态很不好，脸有点儿红，尽管如此，约翰逊看起来也比坐在他隔壁的律师舒服得多了！更像一个和蔼的大伯。

约翰逊的邻居卡尔·艾尔贝特逊也坐在法庭里。这家伙指控约翰逊在四个月前的一个星期五傍晚打了他。

艾尔贝特逊看上去很顽固，很生气。他的脸棱角分明，下巴突出，颧骨很明显，棕色的头发油光发亮，薄薄的嘴唇紧抿着。他可能并不坏，但他的样子不禁会给人一种印象：他可能是一个善意程度较低的人，尽管他已经尽全力穿上最好的衣服。

看起来像一个和蔼大伯的犯罪嫌疑人约翰逊声称自己无罪，

看起来很凶的艾尔贝特逊的主张则正好相反。

但没有证人，谁是对的？谁是错的？谁在撒谎？

丽瑟洛特作为法官角色会受到事实以外其他因素的影响吗？她会因为被指控为被告的约翰逊的容貌更为"无辜"、受害者的容貌更"有罪"而影响自己的审判吗？她会不会无视原告艾尔贝特逊的外貌而仅就其意图来得出审判结果呢？

你现在想象一下这样一个审判场景：其中一个当事人，男的、壮硕、有文身、穿着皮革背心，他是受害者；犯罪嫌疑人是一个身材苗条、柔弱的女人，穿着白色连衣裙和深色夹克。

你是不是认为这很难想象？是不是因为你觉得事实要反过来才比较正常？而这种情况太罕见了！

现在，让我们假设一下这种情况真的发生了，那我们可以处理吗？会怎么处理？法官或警官可以无视陈规吗？

我们在法律面前是完全平等，有一点儿平等，还是根本没有平等？

在本章中，你将获得以下问题的答案：

什么是第一印象？我们为什么要重视它，以及怎样完美地达成它？

我们还将研究为什么人与人之间相互理解是如此重要。

当丽瑟洛特法官见到艾尔贝特逊和约翰逊时，她对这两个男人都很快产生了第一印象。

她还对他们各自的代理人（辩护律师和检察官）有了看法：没有太多的思考和分析，在那种情况下，她很快地受到一系列因素的影响。这非常快！

➤ 快还是慢

通常，不同的人以不同的速度做事，反应速度也不同。有些事情可以自动地、本能地或有意识地、更理性地发生。

诺贝尔奖获得者丹尼尔·卡尼曼在他的畅销书《思考，快与慢》中声称，在我们人类进行的所有评估中，辨别出系统的思想错误是有可能的。

从感知心理学的角度观察，我们可能会遇到许多视觉错误的困扰。实际上，我们许多直观、快速的答案都是错误的。这是因为我们喜欢将类比用作简化的调查方法。比如，我们人类倾向于根据记住问题的难易程度来判断问题的重要性，但这通常会反过来受到诸如它们给到多少媒体容量的影响。

一些经常被提到的东西通常会在我们的意识中存在更长的时间，而我们很少听到或接触的东西则很容易被遗忘。比如，如果我们经常看到有关交通事故的信息，就会倾向于认为交通事故是一个比实际更普遍和更大的问题。

这些认知错误可能因此导致我们忽略真实的统计事实。我们的智力会犯系统性的错误，如果我们不了解它们，当这些错误在我们身上出现的时候，就不会意识到这些问题。

当我们对对方建立第一印象时，我们的思考、反应是快速的，还是缓慢的？

得出一个经过深思熟虑才能判断为正确的结论是否比我们在更大程度上冒着错误判断的风险去迅速地得出结论更合适呢？

换句话说，我们更容易犯哪种错误：相信一个危险的人是无害的，或者认为一个无害的人是危险的？

当我们遇到对我们来说是全新的一个人、一个现象或一种情况时，我们考虑的首要重点是：生存。

在第一个例子中，奥古斯在平原上遇到骑手时很快做出了判断。但是，如果奥古斯选择让自己稍微冷静一点儿，然后得出自己是安全的结论，那么他生存的几率可能就会降低。

我们无法确定自己是否还能活着，当我们得出更确凿的结论时，可能为时已晚，因为我们面前的那个人是未知的。就像如果我们反应太慢，没有发现一辆汽车正以每小时130公里的速度驶向我们，我们很可能就会被撞到。

反应速度本身就是要点，虽然不可能总是百分之百正确，但是在需要我们迅速做出反应的时候，一定要快！那也许就事关我们的生死。

大脑对印象的处理可以说是由两个系统组成的。其中之一被称为"系统1"，它在无意识、直观、快速但粗略地工作；第二个是"系统2"，它更具分析性和精确性，但代价是速度较慢。

在我们人类进化的早期，比起通过具体、详细的分析来防止匆匆忙忙地得出结论，更重要的是对潜在的危险快速做出反应，并马上采取行动。

因此，进化性较早的结构是"系统1"的重要组成部分，并参与第一印象的形成。在这些结构中，杏仁核是一个中央中继站，该中继站与各个中心相连，这些中心控制着人体对压力和危险的自主反应，产生相应的行为和荷尔蒙激素水平。

► 烟雾探测器原理

奥古斯对这位陌生男子快速进行了评估和判断，因为他的首要目标是生存。

丽瑟洛特法官在法庭上看到这些人时也会这样做：进行快速地评估和判断，即使她根本不需要这么做。一方面，她有的是时间；另一方面，也没有迫在眉睫的危险威胁着她。但是她还是做出了本能的判断。

她和我们当中的任何人一样，没有什么选择不选择，就是一种本能反应，自然而然地发生了。因为自古以来，这有利于我们生存。

当然，由于这个原因，我们偶尔会做出一些不可避免的错误判断。这些错误可能使我们付出很多代价，并可能产生截然不同的后果。但是，与关注可能不存在的危险相比，没有及时发现真正的危险对我们造成的负面影响更大。

因此，在感知心理学中，人们经常谈到烟雾探测器原理：正如烟雾探测器经过校准，可以在有少量的烟雾时就发出警报（即使烟雾不会构成威胁），我们人体也开发了心理机制来警告我们当前环境中的危险。换句话说，研究人员已经看到的是，我们的本能判断更容易朝负面的方向发展。

我们宁愿认为一个人是坏人而不是好人，是邪恶的而不是善良的。一个杯子有半杯水，我们宁愿说它是半空的，而不是半满的。

当然，这听起来很无聊和消极，但正是这种"警报功能"帮助我们在一个无法控制将要发生的一切的世界里生存。

　　看着四周，似乎每个人都是我们的敌人会让人感到沮丧，但这恰恰是历史上无数次证明的对我们最大的好处。

　　因此，当其他人初次见到我们时，彼此之间有很多需要证明的事情。

　　学会互相观察、了解非常重要，这样我们才能避免敌人，寻找潜在的合作伙伴并建立合作关系。

　　这有助于我们生存。错误的判断可能会造成灾难性的后果，但是，不幸的是，当我们开始互相做"阅读理解"的时候不可能做到完全准确，甚至我们的头脑似乎都内置了系统的阅读和设计错误。

　　让我们从其中之一开始。

➤ 确认偏差

　　在创建第一印象后，大脑将致力于寻找证据证明我们的第一印象是正确的。这种被称为确认偏差的现象意味着我们在不知不觉中关注了那些可以证实我们自己的看法的信息。

　　如果我们形成了一个想法或创建了一个印象，我们宁愿坚持下去。我们只想看到自己想要看到的，听到自己想要听到的。更确切地说，我只想看到和听到与我对第一印象的看法一致的信息，其余的我视而不见。

　　如果你给人留下了良好的第一印象，那正是其他人希望继续见到你的最好理由。

　　如果其他人已经断定他们喜欢你，即使你做错了一些事情，他们也常会沉迷于自然地为你辩解："她是一个善良的人，她可能是无意的，只是有点儿累了。所以她肯定不是有意的，恶意的。"

想象你有一份新工作，你充满期待并感到快乐：这正是你所渴望的工作。

在正式开始工作的前几天，你要去工作场所熟悉一下环境，认识一下新同事。你到达了这个地方：多么令人印象深刻的建筑啊！你会在公司前台感受到非常好的接待，并很快就有你部门的人来接你。在那里，你被介绍给你的同事们，他们都很友好，老板也很热情。咖啡室（瑞典大大小小的单位、企业、公共空间基本都配备有咖啡室，专门供员工们fika用。一般工作日每天上下午各有十到十五分钟的fika时间）很舒适，一切都感觉良好。

你还将被介绍给你最有可能与之共事的人，他的名字叫克里斯蒂安。但与其他人不同，你对他的第一印象不好，他似乎非常自大。当你进来时，他没站起来；你跟他打招呼的时候，他还是坐着。

这就是现在你看到的和知道的全部，它们自然而然地发生在你身上。

无论如何，你开始了工作，几周后就该参加公司的年度聚会（瑞典单位、团体的企业文化之一，一般每年有夏季仲夏节前和冬季圣诞节前两次集体聚会）了！

克里斯蒂安很高兴为你的同事们提供良好的音乐和免费的饮品。克里斯蒂安也很乐意奉献自己，做大家的"开心果"，自嘲、互相开玩笑，让大家开怀大笑。另外，你们还可以在舞池尽情摇摆。所以这将是一个令人非常愉快的夜晚。但是，显然克里斯蒂安的举止与你们第一次见面的印象相去甚远。到底发生了什么？

你会从你的潜意识中抹去"自大的克里斯蒂安"的印象，并确定"他很有趣，我错了"吗？可能不会。你可能更愿意接受"他还是他"的结论，然后你可能会为他创建某种子标签，表示他"一起聚会完全没问题"。

到目前为止，我在书中写的所有内容还意味着你可能想知道你是否真的应该相信我并继续阅读。

你可能想知道我安吉拉是否还在研究"创建印象的艺术"。你可能正在尝试创建对我的印象，以便你可以将我放在一个思维收纳盒中：是知识渊博还是一无所知？是专家还是八卦？是慈悲为怀还是不怀好意？

然后，你想确定我所说的是否值得一听。

实际上，你不必百分之百知道我是否值得信赖。通常来说话，你更愿意相信你自己知道的。

➤ 最关键的特征

是什么使我们喜欢某些人而不是其他人？在我们的关系中，有没有一些特殊的东西比跟其他人的关系更突出？

你可能会想象如果你是团队中的新人会遇到的几种不同的情况。

仲夏节[1]，你的同事邀请你参加他们的烧烤聚餐。除了她，其他人你都不认识。

1　北欧国家传统、盛大的节日，一般在每年 6 月 24 日左右。

每个人看起来都很快乐、轻松并彼此开着玩笑。这时，你来了，现场一下子安静了。

他们看着你，不是觉得你可疑，只是对你充满好奇和善意。

但是，很明显这里出现了一个"陌生"人。

他们知道彼此可以期待什么，但不知道可以期待你什么。

他们看到你与他们的一个朋友一起来，这使你看起来像是他们的一个潜在朋友。

你做了自我介绍，并和每一个人握手。或者，你也可能选择很高兴地挥手说："嗨！我叫詹妮，很高兴认识大家！这里真有趣啊！"现场气氛很快又恢复了热闹，有人递给你冰镇啤酒。

也许，你在去求职面试的路上，想知道要获得这份工作你应该传递什么信息给对方。

或者，在客户到达会议场所的那一刻，你想到：我应该如何使客户感到足够安全？她需要对我有什么样的感觉才敢踏出下一步，开始合作或者下单？

➤ 热情和可靠性

当初次见面时，除了性别和年龄，还会表现出其他特点。我们想形成一个想法：我们想知道这个人是否值得信赖，说的是不是实话；我们也想知道这个人是否有一颗善良的心。

我们所谓的社交能力取决于建立和维持信任的能力。

信任使世界运转。

背叛了，信任就很难重建！

信任也与可预期有关：你给别人展示的是真实的你吗？你会全力以赴去实现你的意图吗？如果我们可以预测某些周围世界的信息，我们会感到更加安全。

留下良好的第一印象后，我们将继续一点点地建立信心。

相信别人的同时也会带来危险，因为我们可能会失望。但是，不信任他人比这个选项更致命。它会让人感到自己无依无靠，从而使人麻木。

因此，相互信任是一切良好关系的基础。无论我们与之合作或建立什么样的关系，我们都需要知道建立彼此的信任需要的是什么，还需要知道如何修复破碎的信任。

换句话说，我们想要回答以下问题：你和蔼而友善吗？你是一个善解人意的、有同理心（同理心被定义为对他人观点的理解和表达这种理解的能力）的人吗？

这在研究语境上通常被称为热情性格特征集合。热情的人善良，冷酷的人不友好。热情的人会帮助他人，倾听并关心周围的人。

➤ 能力和优势

第二个问题是关于社会地位和能力。你有钱、有影响力吗？有权力和自信吗？你所拥有的能力可以让你全力以赴去实现你善良或者不善良的目标吗？

首先，这意味着存在两种非语言信号（能量和能力），它们特别有趣。

想想如果我们被介绍给一个新领导者，我们会尝试以最快的速度去观察对方是否热情和威严。当然，最吸引人的领导者是兼具这两种特征的人，而最不吸引人的是那些我们觉得冷漠和无能的人。

哈佛大学商学院教授特蕾莎·阿马比尔在一篇名为《辉煌而残酷》的文章中写到，问题在于人们常常认为能力和热情之间存在负相关关系。也就是说，我们将热情似火的领导者理解为能力不足，而冷漠、强硬的领导者更有能力。但强硬的领导者并不容易让人喜欢。总的来说，不同的领导风格代表着能量和能力的不同组合：专制、权威性的领导方式专注于领导才能，代价是缺少能量；而民主的领导风格强调了能量，但也许牺牲了能力。

当我们评判政客和同僚时，同样会出现热竞争的维度。

实际上，通常情况下，如果一个人对另一个人某一方面特质的看法足够多（例如，胜任），会导致对其他方面特质的看法减少，例如能量。

这两个概念在我们彼此的看法中往往呈负相关："她很聪明……但是客户不会喜欢她"或"她是如此可爱……但是在谈判中可能几乎没有用"，两者不能兼而有之。

➤ 能量和能力的结合

正如所有感知一样，社会感知——我们彼此之间的印象——反映了人类进化的压力。

在了解了一个人是否友善之后，我们想弄清楚这个人是否有能力控制这些意图：这个人根据自己的意图采取行动的能力是比较高还是比较低？如果此人能力很强但意图不轨，那么这个人会比一个能力不强、意图也不轨的人更加危险。

一项研究表明，无论身处何处，我们都会以能量和能力为基础对他人快速创建第一印象。

能量特征包括同理心、善意的意图、可靠性、友善、乐于助人、诚实、信誉和道德；能力特征包括智力、技能、创造力和效率。

写到这里，我不由自主地想到了总统候选人，他也同时出现了这两个特征。

有时，可靠性和能量的特征被视为大致相同，有时被视为不同。不管它们如何紧密地联系在一起，并在我们的评估中一起被发现，一个不可靠的人都很难同时又是一个好人。

在与他人的日常互动中，我们发现，对他人的感知中有82%与能量和能力有关。

即使能量和能力评估或多或少同时进行，但能量评估仍然会首先进行。因此，能量比能力比重大。

从进化的远景来看，能量是主要的，因为对方的好意或恶意对于我们的生存比对方根据他的意图做事的能力更具决定性。

能量评估也是支配我们"接近或避免"行为的评估，这是我们关系中的另一个基本方面。

与可靠的印象相比，我们更容易记住给我们留下不可靠印象的脸；与能力相关的单词相比，我们在识别能量相关的单词方面也更快，它们对我们来说至关重要。

我们可以是能力强或弱的人，无论是热情还是冷漠。

如果将这些属性放在四维象限表中，则组合如下所示：

能力

	−	+
−	冷漠，低能 （鄙视）	冷漠，高能 （恐惧）
热情		
+	热情，低能 （同情）	热情，高能 （尊重）

冷漠和低能

一个有不良意图但没有必要的、熟练的能力来实现其意图的人，你不会想和他交朋友，也不会在他面前感到恐惧。

想想灰姑娘的继姐妹。她们很自私，自以为是，会不公平地对待灰姑娘，但她们并不聪明。

热情和低能

如果一个人身上结合了良好的意愿与低下的能力，可能会是一个完全的好人。他们很友好，但不是你能想到的最精明能干的类型。

冷漠而高能

第三种结合是既冷漠又有能力的人。那些邪恶的人确实是危险的，我们希望几乎不惜一切代价来避开他们。这是因为这样的人具有很高的能力来具体实施其邪恶意图。

热情而高能

最后，谢天谢地，有些人既善良、热情，又有很强的能力。

这些人有足够的能力实现自己的良好意图。你不必花很长时间就可以意识到这是我们想要合作的人——超级英雄、好的领导者、友善的老板或者仅仅是一个超级聪明的好心人。

同时，这也是我们想要成为的人格类型，本书的目的之一是帮助你找到方法，以更好地向其他人表达出这些至关重要的古老品质。

为了调查我们的偏见，2010年普林斯顿大学进行了一项"偏见地图"的研究，该调查研究了参与者对不同社会群体的先入为主的观念。观察他们的想法既有趣又令人生畏。

"高收入者"群体被认为具有较高的竞争能力，但能量却较低，也就是说，他们知识渊博，技术娴熟，但不太善良。

在同一群体中还出现了种族群体，包括"亚洲人"和"英国人"。

"老年人"群体被归类为贫穷且能力较弱的类别，"低收入受助者""社会援助受助者""无家可归者"和"成瘾者"，他们能量低，能力也低。

在这项研究中，被评为高能量和高能力的人包括"中产阶级""美国人""爱尔兰人"。

我们的行动取决于我们把人归入哪一类。如果我们将一个人视为温暖和无能的，我们会同情他。我们会鄙视一个被认为冷漠无能的人。我们会恐惧那些冷漠而干练的人，但温暖而精干的人则受到我们尊重。

人的身体特征，包括衣着、体重、性别、种族、年龄和居住地，通常足以使我们将此人置于上述类别之一。

早在二十世纪三十年代，我们就开展了分布在四大洲的19个国家和地区针对某个群体先入之见和刻板印象的调查。事实证明，到目前为止，所有对此进行了研究的社区中都存在类似现象。

在研究的每个社区中，低收入者被认为是冷漠而无能的人，富裕者是冷漠而有才的人，老年人是温暖但无能的人，等等。因此，这种偏见是一种普遍现象，不幸的是偏见加剧了对某些群体的反感。

➤ 重金属粉丝

就像我以前说过的，我十几岁的时候在一支死亡金属乐队里演奏。我们每周在没有窗户的类似碉堡的房间里排练几次。周末我们去听音乐会，喝着啤酒，听着摇滚乐，跳着甩头舞。在这段时间里，我通常穿着黑色皮夹克、黑色弹力牛仔裤和带钢帽的马丁靴。有时，在一些小型的喜庆场合，我戴上墨镜，系上铆钉皮带。

尽管我住在纳卡[1]，但每个周末都在新纳斯港码头[2]度过。

在那里，我们总是会遇到喜欢重金属的群体，就像我们在中央烧烤屋、少年宫或者排练大厅遇到的人。

在新纳斯港城中心最高点有一个聚会场所，临近一家克里斯蒂娜咖啡厅。

经常聚在一起的有我、珍妮、洛塔、约翰，还有琳儿和拉尔萨。除了我们之外，新纳斯港还有很多其他金属迷，在星期五和星期六的晚上，大家都会聚在一起。

同时，我还在纳卡高中学习自然科学专业[3]，那里都是年轻人，他们穿的衣服上都有"正规"的商标。那些年轻人都住在别墅里，他们父母的社会地位都很高。但是我们这些人打破了这种模式。我、我的妹妹玛丽安娜以及其他几个孩子来自芬兰的工人阶级家庭，住在南面的海利克山，高高的山丘与外界有些隔离。

在我整个学习自然科学的高中时代，我很用功，也很喜欢学校。我的首选职业是考古学家，然后是医生。然而，我并没有意识到我的穿着打扮影响了我向其他人传递的印象——我有几次从老师那里听到了一些关于我的着装的评论。从那之后，我意识到其他人会受到我着装的影响，他们会基于我的着装而不是我的理想得出关于我个性的结论。

1　纳卡，斯德哥尔摩市中心的一个区。

2　新纳斯港码头，离斯德哥尔摩市中心 45 分钟车程的一个港口小城。

3　译者注：瑞典高中实行分专业学习，例如自然科学专业、人文科学专业、艺术审美专业等。

➤ 晕轮效应

在会面时，如果你穿得很正式，则会被认为比在会见时穿着非正式的衣服要更有能力——就像你把一个新的会见安排在五星级酒店而不是二星级酒店一样——机会更大，效果更好。

五星级酒店为你和你的客人带来更加优质的氛围和品质。与你在Instagram上发布与默默无闻的邻居的合影相比，你与美国总统的合影也会影响他人的看法。

今天，个人形象已是一个众所周知的概念。我们的形象受到与我们相关的人的影响。因此，我们可以通过其他人，并让他出现在"合适的"位置来展示个人形象。

这是怎么回事？嗯，我们在这里谈论一种叫作光环效应的心理现象，即一个人的好品质、特征会影响这个人的其他品质、特征，所谓爱屋及乌。

最初创造该术语的人是心理学家爱德华·桑戴克。他从文艺复兴时期许多绘画中圣人头顶上笼罩的神圣光环，想到了我们心目中对善良和正义的定义，于是用光环效应来命名这种现象。

我们受到一个容易观察到的细节影响：神圣的外观足以使我们对人格的整个评估着色。

光环效应被正式表示为认知偏差，系统性思维错误的诊断术语，但也可能表示确认偏差的一种形式，即无意识地意识到确认其自身认知的信息趋势。

光环效应可能导致有魅力的人因涉嫌犯罪而被判为缓刑，甚至被释放。

与光环效应相对的是尖角效应。

也许我们所有人都应该尝试换个思路来思考彼此之间的印象，尤其是当我们通过快速判断得到一个负面、消极的印象时。

有时我们会遇到与自己截然不同的人。我自己可能是一个外向的人，对方则比较内向。我喜欢细节，对方则觉得细节很无聊。或是我们初次见面的那一天不是一个好日子，比如有孩子生病，或者工作压力大，也可能刚刚与伴侣发生了矛盾，或者有亲戚患了重病。此时正是开启"评估另一种良好愿望机制"的正确时机。我们应该给其他人一个机会，并试图为他的行为找到一个更"良好愿望"的解释。

如你所知，一切并不总是像最初那样。

➤ 持久印象

当其他人看到我们时，他们首先就有一个目标：要弄清楚我们是朋友还是敌人。他们根据手头掌握的信息为我们创建了一个印象。

让我们想象一下其他人形成对我们的看法有多快：大约是几秒甚至几毫秒。

当其他人看到我穿着死亡金属音乐的衣服时，他们马上就有了一个关于我的印象。我的外表对于他们如何理解我至关重要。

第一印象对于关系的发展以及它是否应该获得超越第一次机会的发展至关重要，这也影响了我们之后会去寻找他人什么样的信息。

丽瑟洛特法官可能没有其他机会来进一步认识案件的双方当事人——艾尔贝特逊和约翰逊。她听到两个完全不同的版本，他们俩都否认自己的罪责并互相指责——两个人，两种陈述，两份对立的证言。

在这种情况下，人们很容易会不自觉地抓住手边的稻草——一个手势、一个头衔、一种服装，或者外貌，这些都可能成为一种证据，在特定方向上影响案件。

艾尔贝特逊看起来像小人，但实际上是受害者。

Chapter **3** 刻板印象、偏见和"黑绵羊"[1]

---

1 "黑绵羊"是在群体中的一个臭名昭著或异常人的隐喻。这个概念来自遗传效应，当遗传基因有时让黑羊羔出生在都是白羊的羊群中时就显得很突出。在西方民间信仰中，黑羊与魔鬼有关。

"愚蠢的金发女郎""吵闹的美国人"，这些都是刻板印象。人人都习惯于把他人自动归入某类群体，问题是被归入了哪一类，刻板印象比我们想象的更能左右我们的生活。

　　为什么人只要怀孕，走到哪里都会看见大肚子孕妇？为什么肚子饿了，街角就突然冒出了汉堡店？同理，这种现象也会影响别人对我们的看法。在本章中，你会了解到为什么当"我们这类人"的成员中有人行为卑劣时，我们会格外介怀。

社交互动是人类赖以生存和更新换代的必要条件。我们需要沟通、联系，了解所计划的、所考虑到的是否是一个不错的选择，越早知道这一点越好。

如果说生育是其中之一，那么生存就是进化专门针对我们的另一个方面。

那些善于观察、敏锐注意到周围威胁的人得以幸存，那些学会了如何及时避免危险的人成功了。

这些是我们需要快速创造良好第一印象的主要动机，但是关于为什么要努力建立，增进彼此的了解、理解，还有其他理论。

刻板印象包括"愚蠢的金发女郎""吝啬的斯莫兰"和"傲慢的零八"[1]等。

当他人见到我们时，会观察有关我们的信息并将我们归为以下类别：好人或坏人、母亲、知识分子、工程师类型、粗心的人、芬兰人、丹麦人等。

当被放置在一个类别中时，我们会自动获得许多粘贴于这上面的属性。

这也同样适用于物品。比如，我们将所有圆形的东西归入"球"类，它可以是网球、乒乓球、高尔夫球、彩色玩具球或沙滩排球。它们都是"球"，或者说一提到"球"，我们的脑海中就会立马出现一张圆形东西的照片。

再回到我们人类身上。当我说北方人[2]时，你会想到什么？当我说德国人呢？如果我说芬兰人，也许在你面前马上浮现一个直

1　零八，斯德哥尔摩的电话区号，代指自负的斯德哥尔摩人。

2　北方人，指瑞典北部九个省的人。

率的人，喜欢游泳、桑拿、酗酒。

如果人家说你是芬兰人呢？那么你就获得了其他所有与"Finne"或"Finländare"（都是指芬兰人）类别相关的特征。这称为刻板印象。

初次见面时，我们倾向于将他人视为特定群体的一部分，而不是具有复杂特征的个人。这是在无意识的情况下自动完成的。

如果发现错误地判断了一个人，我们经常会感到沮丧。

让我们想象假设你坐在火车上，眼前只有一个连性别都无法确定的人。"是男人还是女人？"你在想。也许你希望该人的手机响起，以便可以听到声音并将其用作理解线索。

在心理学语言中，这称为触发类别的信息，与他人单独的信息相比，我们获得该信息的速度更快。

► 真实感知——一个创新的过程

我们对世界的看法是对事实的客观汇编吗？

不，我们对世界的知觉比一个积极而富有创造力过程的结果更快。信息编码、组织和解释是根据我们的经验、需求和期望进行的。

在怀孕的时候，我感到肚子里，甚至满世界都充满了婴儿和孕妇，在每一个地方，我都能很容易发现婴儿车和幼儿背带里有刚出生的婴儿。饥饿时的那种感觉也一样，在每一个街角突然出现的汉堡小吃车和从比萨店散发出来的气味在那种情况下是难以抗拒的诱惑。不可否认，我们对现实的感知是一个创造性的过程，绝对不是对外部世界静态、客观地观察。

➤ 认知角度——节省资源

关于我们为什么要对人进行分类，有两种理论，一种是出于认知原因，我们希望将他人和自己分组，它根据认知系统的结构将分类视为节省资源的一种方式。

认知通常是由意志驱动的，是涉及知识、思想和信息心理过程的心理集合术语。因此，它也关系到效率，同时，也有局限性。

我们几乎没有办法记住、吸收每一个我们所感知的信息并系统地思考它，我们需要通过专注于某些方面而忽略其他方面来筛选和清除各个感官获得的信息。这才是有效率的策略。

我们可以马上将世界上的人群分为两组：男人和女人。我们可以继续按照其他方式进行划分：大学生和非大学生、死亡金属音乐爱好者和舞蹈音乐爱好者、印第安人和白人、警察和盗贼等等。

一旦将一个人归类为一个群体，我们就会"免费"获得有关他们情况的大量信息。如果我们没有利用分类和过去的经验，将不得不评估和分析每个陌生人的海量信息。我们的认知系统将很快变得信息杂乱，从而让我们与他人打交道时充满了不确定性、压力和混乱。

但是，人们很少仅仅只属于某一组，我们可以同时属于多个组类。你可能属于"30多岁的男人"，是"父亲"，还是"木匠"，居住在利丁厄（斯德哥尔摩的一个地区），有外籍血统，讲话带斯科耐口音，喜欢打高尔夫球，还时不时享受穿女装。

有些类别的设置和归类可以非常快速而简单，例如"男人"和"30多岁"。"爸爸"和"木匠"或许也是。我们还给了你另外两个类别：有外国血统和斯科耐口音。斯科耐口音也许使关于斯科耐的刻板印象变得生动起来，喜欢高尔夫球运动又提供了其他关联，高尔夫球手还有哪些其他特点？而"时不时享受穿女装"又带给我们哪些无穷的联想？

你是否曾想过在遇到他人时倾向于将自己归入哪个类别？它是否随具体情况而变化？与通过电话交谈相比，面对面交流是否更重要？如果你有领英或脸书个人主页，你会如何看待和利用它？

➤ 动机引起的"我们与他们"

根据性别，人类可以分为两类：男人和女人。这样，我们由一个庞大的人群变成了两个相对较小的团体。然后，我们按年龄还可以分成儿童、青年人、中年人和老年人，或者按照出生地、居住地再继续划分成其他较小的群体。

我们的朋友、与之共处的人，传统上意味着支持和安全，而不认识的人给我们带来了更大的风险。

我们还不认识他们，也没有关于他们可以参考的信息。在心理学上，有时我们谈论内群和外群。内群是我们所属的群体，而外群则是"其他的"。

你是否经历过对这些所谓的"外群"人有这些同样的感觉？

那些人喜欢舞蹈、音乐，喜欢电脑游戏或生活在世界其他地区。你是否对他们有难以区分的感觉，感觉他们在行为、外观和兴趣方面彼此相似？更糟糕的是，也许它们是可通用的特点。比如，当我们说到黑种人，你是否马上想到"能歌善舞""幽默乐观"。

如果一个所谓的"外群"成员的行为是消极的，我们很容易得出结论，该小组的其他成员也会以同样的不受欢迎的方式做事。我们通常认为这些小组成员比我们自己小组的成员更普通。在自己的团队中，我们感受到的成员更复杂，也更个性化，更多样性，而且根本不可互换。

■ 内群—外群—现象

我们更愿意相信自己的团队，即"内群"是独一无二的，且具有积极向上的品质。同时，我们对不属于我们团体的他人产生偏见。在心理学上，他们被称为"外群"。

我们自己的团队被定义为内群，并被积极地看待：我们既热情又能干。但我们不会用同样温和的眼光和态度看待外群成员，这种现象称为外群偏见，目的是让我们自己更喜欢、更热爱自己的群体。

内群和外群——"我们和他们"——是我们如何看待他人的重要推动力。这就是动机观。

团体对我们很重要，是我们自身身份判断的一部分，具有强烈的情感意义。

　　我们想要自我感觉良好，自我抬升自己，便简单地将人们分为"我们"和"他们"。

　　"我们"非常好，友善且可靠；"他们"不可靠且不好相处。这导致了同时确保维持"我们"都很好和强化"他们"都不好的负面刻板印象。

　　实验表明，最初互不认识但被随机分为不同组的人，在人为地创造了"我们"和"他们"的环境中，人们倾向于慢慢开始不喜欢属于另一组的人。

　　由于情感、身份、自我形象和团体归属关系，自然而然地存在刻板印象，而不是因为注意力和信息处理方面的限制。

　　事实是，从表面上看，如果你认为对方不如自己，对你的自我形象建立就会有积极的影响。

　　如果自我形象受到负面影响，例如我们受到了批评，那么我们会倾向于根据不同的刻板印象做出更苛刻的判断。

　　另一方面，如果我们拥有积极的自我形象，也可能减少倾向于对他人的刻板印象。研究表明，通过肯定和强化自我形象的定型练习，我们也会降低对他人刻板印象的形成。

　　如果你自发地将一个不属于自己同一个群体的他划为"我们"，那么你是否可以营造一种氛围，以此强化这种"内群"的身份认同？是的，只要能让我们找到任何的共同点，都会增加归属感。

　　这可能与兴趣、背景、居住地、旅行、饮食偏好或共同朋友有关。曾经相距甚远的两个人，可能会因为相似的经历，而让彼此之间的这种"类似"的感觉很快转变为友谊、平等和团结。通常，共同点会比不同点更多。有时我们只需要让人感觉到你在帮助对方，就会有很好的效果。

你不知道你和你面前的人有什么共同点吗？提问题，向对方提出问题。

也许你们来自同一个国家，或者你们都喜欢骑摩托车或跳舞，突出共同点可以使你和对方快速靠近。

➤ 刻板印象

什么是刻板印象？根据心理学解释，这是一种认知结构，包含个人对属于其他群体的人的认识和看法：他们的行为、动机和特征。

通常，我们会根据性别、年龄、种族、职业等形成刻板印象。

当遇到一个人时，根据我们的刻板印象，他按照我们认为的那样去做、去说，感觉一切都顺理成章，大家都愉快。

我们不会因此感觉有些奇怪或者惊讶。之前的刻板印象不会受到质疑，我们的世界观保持不变。

取而代之的是，如果遇到一个不按照我们的刻板印象行事的人，我们可能会感觉：“哦，真奇怪！真让人困惑不解！”为了解决这个难题，我们经常会自己假设，认为此人不按照我们的期望行事是出于某种情况。

例如，你有一个新同事入职了。他叫罗纳尔多，原籍巴西。你认为，巴西人都热爱足球和舞蹈，举世闻名的狂欢节就在里约热内卢。但是，你的朋友罗纳尔多却都不喜欢。在公司聚会上，一个同事违背罗纳尔多的意愿将他拉入舞池。然后，你发现他完全没有节奏感，看起来很紧张。可怜的家伙，让他离开舞池，你想。不要让他跑了，你的同事不想。

罗纳尔多圆圆的臀部在乱动，没有一个舞步看上去让人舒服。

你得出的结论是，他一定受到了瑞典文化的影响。你想我们是在北欧，有着完全不同的文化传统。他可能天生具有舞蹈节奏感，浸润于血液中，但在这里暂时没有了。

欧文是你的新朋友。你是在去往芬兰的邮轮上通过共同的朋友认识他的。他来自诺尔兰省，出生在于默奥，但在乡下遇到了他的爱人，现在在斯德哥尔摩生活了三年。你对北方人的印象是镇定、悠闲、有趣且可靠，欧文给你的印象就是如此。

在邮轮上，你们是一个快乐的聚会小团队。欧文似乎永不疲倦。他是聚会的焦点，一个接一个地讲述着自己"疯狂"的故事。他讲的都是青年时期的自我体验，还以夸张的动作跳舞。欧文充满活力和激情，所有人都很喜欢他，你也很快喜欢上了他。你认为这是一个非常有魅力的人。

毫无疑问，他绝对是一个典型的北方同胞，诺尔兰人！

你可以用酒精刺激来解释欧文的非典型行为，是酒精使他变得更会社交。如果体内没有哪怕一点点的酒精，也许他更像北部人那样容易退缩。

我们每天遇到的这些人，有时可能会表现得像我们期望的那样。罗纳尔多和欧文都不按照我们认为的那种刻板印象行事。然后，我们想解释他们的异常行为，可能是因为情况或环境的不同使他们表现得如此异常。以罗纳尔多为例，相信他是受到了瑞典文化的影响。至于欧文，则是酒精改变了他整个诺尔兰人的安静个性。

人们按照刻板印象行事的时候，从我们自己本身提供的一方面解释来看，它取决于他们自己的个性。他会这样做是因为他本来就是这样。我们相信，这取决于人的天性和特征。但是，如果人们的举止不符合陈规定型观念，我们将从自身以外的角度来解释。

我们甚至倾向于偏离那些可能解释一个人不寻常行为的事实因素。取而代之的是，我们仍然相信，尽管可能有一个逻辑上的解释，但赋予我们特征是人的性格的一部分，这被称为基本归因错误。

➤ 我们可以增加或减少刻板印象

我们知道有必要了解谁可能对我们造成危险，或者谁可以让我们感觉放心。

事先分类有益于我们的日常生活。虽然这种分类会导致刻板印象、偏见甚至是歧视，可以说是不希望有的副作用，但简化的信仰和偏见并不是人类的不变条件，其中有几个因素在起作用。

一个群体的人们对刻板印象的接受程度较低，同样地，他们所面临的风险也会降低。

刻板印象也可以被使用或者放弃。当我们摒弃刻板印象而使用实际掌握的知识时，需要更多的认知资源。

导致刻板印象使用率降低的另一种情况是当刻板印象与人之间的差距太大时。当所讨论的人与预期的行为不同时，我们被迫从他身上寻求更多的信息，这比我们直接"购买"，采用刻板印象的效果要好得多，并与事实更接近。

让我举例说明。比如你对社会中的某个确信无疑的反面群体感到消极和怀疑，但你将要和来自该群体的一个人成为同事，你必须配合。

这个人看起来很有趣，而且和你有很多共同点。现在你发现在要组合的小组和这个要深度合作的人之间有一个明显的鸿沟。刻板印象不再能保留其优先级，你被迫质疑你的刻板印象。

一般来说，当一个人不符合原型时，我们宁愿暂时忽略它，也不愿改变整个原型。这意味着我们倾向于将这个人视为例外：他很友善，一点儿也不像其他人。

但是，刻板印象会随着时间的流逝而减弱。可能发生的结果是：你对某个特定的专业团队感到怀疑，因为你在同一行业中对其他人有负面的经历。但是，现在你陷入了不得不聘请这样的专业人员的局面。你需要与对方保持密切合作的关系。几周后，你将不再能保持刻板印象，它被削弱了。随后，你们将继续联系并保持合作，刻板印象也将进一步减弱。

刻板印象和偏见会随着时间的流逝而减弱或增强。它们会受到我们自我形象和压力的影响。如果激活与第一个刻板印象相反的刻板印象，则会削弱第一个刻板印象。否则，刻板印象将使我们能够记住与我们的期望和先入为主的观点相一致的信息。

刻板印象是很难改变但有时却可以改变的认知结构。所有文化都会造成社会差异，我们想让它们各就各位。

但我们如何了解并处理这些机制？

➤ 一个中心主题

参加会见时，其他人员立即开始观察并获得有关你的信息，他们自动将你归入一个类别，然后搜索他们的经验库。如果他们成功找到与你所给予他们的第一印象相适应的刻板印象，那么它就会被激活。

但是，如果想象中的刻板印象与第一印象并不一致，一定还会发生其他事情，或用另一种方法来尝试找到另一种相适应的刻板印象。

特别是在复杂的情况下，我们会使用刻板印象来简化情况。刻板印象成为我们组织所有合适的经验和知识的中心主题。同时，我们很乐意忽略不符合我们选择的刻板印象细节。

➤ 在一个罪案调查中的刻板印象

现在，让我们假设你正在参与一个与警方相关的调查。案件已经发生，你将犯罪现场周围存在的一些线索和谜题汇总到了一起：案件Y发生在现场Z，受害人X已经死亡，A是证人，B是嫌疑人。你在脑海中创建了一个假设，即一个主题：这是已经发生的事情，这一系列元素都是这起案件所涉及的。

当然，我们希望刻板印象不会影响司法调查中所涉及的人，也不希望判决的结果受刻板印象支配。无论我们的姓氏、职业、受教育水平还是性别，这些都无关紧要。影响法院判决结果的只有发生的事实和存在的证据。但很遗憾，案件调查人员和司法部门的其他人员一样，可能会发现很难保持这种严格的客观性。瑞典的一项相关研究表明，刻板印象会影响寻找证据，也会支持自己的假设。

我们人类倾向于以肯定的方式解释信息，而不是质疑自己的看法。如果我们对发生的事情形成了看法，便倾向于坚持这一观点，并特别注意与之相符的因素，即使这可能导致在调查中出错——我们可能会冤枉嫌疑人并定罪于一个无辜的人。

尤其是在涉及许多证人或大量信息的复杂调查中，我们可能会被刻板印象控制并指导我们的工作。

刻板印象使我们以某种方式看待发生的事情，并成为中心主题。

围绕这个中心主题，我们收集了所有与假设相符的证据，而不符合假设的证据则被忽略了。当然，这可能在法律调查中造成很大的损害。

➤ 深度或表面地信息管理

我们可以以浮于表面或更深入地分析的方式来搜索信息。从表面上寻找，需要更少的精力、时间和资源，但要深入了解，需要更多的努力。我们会一直在表面和深层之间来回摇摆。

如果时间不充裕，我们会尝试简化搜索信息的流程，从而导致产生更多的偏见。

而且，我们倾向于在较小程度上吸收新信息。有时，简化所带来的危害大于其贡献。

➤ 时间紧缺

在时间压力影响的研究中已经证明，与拥有更多时间的犯罪调查员相比，经验丰富的犯罪调查员在非常有限的时间范围内工作时，其信息处理的系统性较差。此外，时间紧缺的调查人员经常坚持有关犯罪的基本假设——无论证据是否支持。

其他研究指出了调查人员填补信息空白的趋势。这种填补空白的方式往往会以我们记忆中最容易获得的信息类型（通常是刻板印象）得到补充。

➤ 黑绵羊现象

三位研究人员通过实验表明，我们对自己团队成员的评估通常更加极端。他们发表了成果报告"黑绵羊效应"。研究人员表明，与不属于同一群体的人相比，我们对群体内自己人的判断更加消极，也更加积极。爱之深，恨之切。

假设一个属于我们小组的人因为伤害了别人的行为而应该受到谴责。然后，我们会以最坚定的方式谴责他，这比对他不属于我们团体的人的态度要严厉得多。另一方面，如果另一个人以模范的方式行事，也许是帮助他人，我们就会把他捧到天上去："看，他是一个多么有趣，真正善良的人。"我们会倾向于认为这个人非常出色，而且比我们团队之外做同样事情的人要好得多。

在我们自己的团队框架内发生的好事，我们通常会为此感到高兴，因为"我们的团队是如此出色"。

当我们小组中的某人犯了某种罪行时，我们会变得更加沮丧，因为"我们的小组曾是如此出色"。这时，该人就成了团队或者群体中的"黑绵羊"。

➤ 偏见

然而，刻板印象和分门别类毕竟使我们的生活更加轻松。它们是使我们能够整理日常生活印象的一种必要支柱。

它们简化并创造了我们世界中的秩序，使我们得到一种认知经济，在这种认知经济中，我们无须使用比我们真正需要的更多的感官印象。同时，它们也可以帮助我们增强自尊心，并建立团体归属感。令人惊讶的是，很少的信息就足够，而且我们很早就知道了！

实际上，所谓的偏见者和不偏不倚的人都是有偏见的。我们会努力控制，但分门别类还是会同时发生，不管是无意识的，还是有意识的。

当使用刻板印象时，通过链接到已有信息的群体，我们可以获得有关该人的"免费"信息。如果这个过程继续进行——就会产生偏见——我们还将把情感与人和团队联系在一起。也许只是因为我们会将他归入一个我们抱有消极情绪的团队而开始讨厌一个人。

我们可能认为该小组中的人并不可靠，然后，属于该组的个人都被标记为不可靠。

> **■　刻板印象可能消失：**
>
> ◎当刻板印象与人之间的差距太大时。
>
> ◎当所讨论的人与预期的不同或表现不同时。
>
> ◎当我们获得有关该人的更多信息时。

偏见可以或多或少地公开表达：

从历史上看，人们对偏见的表达非常明显而确定，有时甚至直接导致仇恨。今天，我们倾向于更巧妙地表达偏见，而不是感到不安和恐惧。

我们不会互相冲突，直接地说出我们的想法、考虑和感觉，有时候，也可能会说一些言不由衷的话。而在某些情况下，我们会避免产生负面看法。

将人们归类是第一步，产生刻板印象是第二步。此外，如果我们开始有偏见，这可以看作是第三步。不用说，发展不会在这里停下来。进一步对群体中的人给予负面的特殊待遇称为歧视。

> **■　我们在遇到以下情况时会变得更加偏见：**
>
> ◎有压力，也有时间压力。
>
> ◎一个负面的自我形象或自信心受到威胁。
>
> ◎愤怒或沮丧。
>
> 当冒犯或者贬低一个有刻板印象的人时，我们的自信心会增强。

■ 是否有可能摆脱偏见？

◎如果感觉良好，我们会对其他团体更加慷慨。

◎自我形象很重要。在与属于另一个小组的某人会见时，如果我们的自我形象是积极的（或者已经通过自我肯定得到改善），我们就不太可能凭刻板印象来判断这个人。

◎任何对自己的形象没有偏见的人也会减少对他人的偏见。

◎如果我们花费更多的时间进行评估，则可以减少产生刻板印象的风险。

◎激活与刻板印象相抵触的事物也可以减少产生刻板印象的风险。

◎该小组的行话和规范会影响我们思考和行动的方式。

◎如果我们有被排除在小组之外的风险，我们将对与他人建立联系更加感兴趣。

很多时候，跟我们愿意花时间在一起的朋友喜欢同样的事让人感觉很好：我们会喜欢愿意在露营地一起度过夏天的人，但会对一定要出国度假的人感觉不舒服。彼此有同感并在对某事的看法上达成共识可以增强团体归属感。

团体内规范是一个术语，描述了我们的看法何时被自己的小组所证实。这种对稳定和信任的印象让人感觉良好，并认为我们对现实的认识是真实的："我认为并相信其他人也是如此。"

但是，我们真的想要一种这样简化的世界观吗？

在一个大家的想法和思考都差不多的团体中，创造性、解决问题和后续发展会怎样？我们每天跟和自己想法一样、工作经验也差不多的人互动，如何才能让一个团体变得富有生命力？

想想我们可以结识的所有新朋友，他们都可能给团队带来新的活力，社会应该有的所有发展的可能——我们可能会失去这些！就是因为我们以这种刻板印象的方式让彼此之间都很容易相处。

此外，在别人眼中，我们必须加入一个部门，沦为他人眼中的一种刻板印象、一个呆板的生活代表，这是可悲的。

Part 3

那些决定第一印象的具体要素

Chapter **4** 一切的总和

在人际交往中，我们会用眼睛看，耳朵听，握手或互相拥抱。第一印象究竟是如何形成的呢？第一印象形成的基础到底是什么？换言之：我们如何"阅读"彼此呢？

在本章中，你会了解到，如何修复受损的自信；为什么别人更容易对你做出消极评价；为什么我们选择伴侣时缺乏理性。总而言之，你对印象心理学将有一个大致的了解。

我们是基于什么得到的第一印象？创建第一印象时，我们会受到哪些信息影响？在本章中，你将获得这些问题的答案。

➤ 语言困境

多年前的一个傍晚，我和一个朋友约好一起去喝咖啡。那是四月底的一个星期五，记得我穿着很正式的灰色短裙和浅色衬衫。阳光明媚，空气中充满了春天的气息。见面时，朋友希望我们去楼上一家夜总会旁边的酒吧。我既没有准备好也没有穿适合去酒吧的衣服，但仍然这样想："为什么不呢？如果不喜欢的话，我随时可以离开。"

到酒吧之后，我很快就理解了她的动机：她喜欢餐厅的调酒师，而且他们正在发生一些故事。

调酒师似乎还认识一群年轻人，从他们的聊天中，我猜他们中的一些人说的是巴尔干半岛的某种语言。由于调酒师是我们之间互相都认识的，所以我和我的女友很自然地开始与他们交谈。我对其中一位很有好感。他看起来富有同情心，他看我的眼神会来电吗？

我试图用那种友好的表情传递一些轻松、有趣的东西给他。然而，很快就意识到他听不懂我在说什么。我尝试用英语再说一遍，依然没有用。我们似乎没有任何共同的语言。

他的朋友解释说，他只会说塞尔维亚语，而且他只是到瑞典拜访妹妹，根本不会说英语。反过来，我也不会说塞尔维亚语，所以这意味着我们无法交流。总而言之，如果我们结为夫妻，并育有两个孩子，这听起来是不是好像并不可能？

那么，我们如何找到有效的沟通方式呢？是的，除了口头语言外，还有许多其他的交流方式。我们基于许多非语言沟通渠道来互相理解。

➤ 语言和非语言沟通

我们握手并互相介绍名字。我们互相看着，保持眼神交流。我们能够感觉互相握着的手是冰冷的还是温暖的，潮湿的还是干燥的，以及握手是否有力。我们注意到对方在看我们时是不是一直在眨眼睛，或者目光飘忽不定。也许对方根本没有关注你，他对手机更感兴趣。

第一印象可以通过我们所有感官来创造，但是并非所有的感官都具有同等的重要性。

一滴香水就能给我们足够的嗅觉刺激。但是最重要的感官是我们的眼睛和耳朵。我们的所见所闻对我们的第一印象有很大贡献，而且大多数行为和神经科学方面的研究都集中在视觉和听觉上。

➤ 看到

对他人的最初体验主要发生在我们的视觉中心。在人类和物体之间，大脑的这一部分功能很早就存在并显得与众不同。大脑的第二部分对颜色、动作或对人的静止状态都很敏感。大脑的其他部分主要对面部做出反应。

鉴于大脑区域的准确性，你甚至可以说，正是这些因素使我们成了全能型专家，能够真正地观察和理解我们人类的真实面貌。

相同的大脑区域还可以确保我们能够认出曾经遇到的人。

接下来的处理发生在上皮层——这是使我们与其他哺乳动物区别开来的部分。在这里，信息被赋予了社会意义。

在实践中是这样的：我们遇到一个人，而第一印象主要是通过视觉和听觉产生的——我们看到并听到了自己之外的另一个人。信息被发送到大脑的视觉区域，然后继续被传递到更原始的皮层下结构，包括杏仁核。

在那里，我们接收到的信息被处理。杏仁核做出决定：这是认识的、熟悉的？还是陌生的、有危险的？有趣的是，视觉区域和杏仁核之间的信号似乎是双向的：杏仁核从视觉区域接收输入信息，但也会发送影响视觉过程的信息。

实际上，杏仁核对大脑皮层中称为视觉皮层的作用似乎大于视觉皮层对杏仁核的影响。

尽管面部表情对于我们的评估、判断如此重要，甚至居于中心地位，但我们对其他方面也很敏感，其中之一就是运动。

这可以通过让一个人穿着深色的衣服待在黑暗的房间里来研究得到证实。

你看着这个人，将重点放在他的膝盖和肘部等亮点上。当人静止不动时，这些点在暗室内仅仅显示为静止的亮点。但是，一旦亮点开始快速运动，我们很快就知道它是人。

运动的经验是激活我们大脑中被称为颞上沟（STS）的部分。当我们试图得出有关他人想法和意图的结论时，这一部分被认为特别重要。

➤ 倾听

事实证明，交谈时的声音是了解其他人身份和感受的重要线索。

换句话说，如何感受对方的声音对第一印象起着重要作用。我们说什么话是一回事，怎么说又是另一回事。

如果以单调的声音为孩子们讲一个睡前故事，这个故事听起来就不是很有趣——不管是对孩子还是自己。但是，如果我们能把自己代入故事中，以各不相同的音调、语速、音量对故事娓娓道来，并且在适当的地方中断，那么，可能任何故事都会令人兴奋，尤其是让孩子们着迷。

这些词语及其传递方式确实是我们通过大脑研究得以证实的信息的一部分。重要的是要以语调和停顿的形式在你所说的话中增加情感，我们可以用更高或更低的声音、更快或更慢的速度以及丰富或单调的感情来说话。根据选择的内容，我们激活了大脑中不同部位来与之交谈。

如何来应对非语言的声音？我们的大脑对诸如笑声和哭泣之类的非语言表达反应有何不同？一个研究小组通过扫描仪扫描大脑不同区域，发现了我们在听到哭声和笑声时大脑反应方面的差异。也就是说，这种差异可以在大脑的不同部位被看到。

第一批研究人员注意到，笑声比哭声引起的大脑皮层反应更大。随后，研究对象被允许执行控制任务，以查看他们是否以及如何对听到的音调变化做出反应。研究人员发现，无论表达什么情感，杏仁核都会做出反应（开心和笑声相关联，而悲伤和哭声相关联）。跟听到陌生人的声音相比，我们以不同的方式对熟人的声音做出反应。当我们既听到声音又看到面孔时，大脑的反应也会更加强烈。高兴的声音比生气的声音对我们的影响更大。

有了这么多信息，你可能会认为信息应该在大脑的某个地方同步。那么，当为某人创建了一个印象时，我们下一步要做什么？

► 意图

现在是12月，是每年诺贝尔奖颁奖晚会的日子。你已收到邀请函，并且也已经从裁缝那里预订、缝制好了典雅的晚礼服。你将要从容地出席这一盛宴。摄影师们在排队拍摄你和其他盛装出席到来的贵宾。你已经为你的这一高光时刻想象、演习了很多次。这一刻是如此完美！

但是，当准备进入宏伟、华丽的宴会厅时，你跌倒了！你身后的一位贵宾踩到了你的裙角，让你猝不及防地失去了平衡。回头仔细观察一下，你会发现踩到你裙角的人是一位同行，或者说她是你的竞争对手也许更准确。她是故意的还是仅仅是无意的？她的意图是什么？她为什么要这么做？

有时，当难以猜测对方的意图是恶意还是无意时，我们可以尝试从对方的行为方式中得出结论，其他人也会试图从我们的行为方式中得出关于我们的结论。

有时可能会被误解，有时则是正确的。如果我们做错了什么，而其他人对此表示怀疑，造成了误会，我们应该如何让对方恢复对我们的信任呢？

　　一种方法是尝试证明我们是值得信任的，也是可以承担责任的。

　　前一阵子，有人预约我安排一次演讲。通常情况下，就是我被邀请去参加某家公司的活动，在活动上发表公开演讲。它可以是在世界上任何一个地方的公司培训日、开幕式或会议。但这次不是典型的邀请，听众需要自己购买门票，门票几百克朗。

　　演讲在白天举行，所以有些人需要从工作中抽出时间来听我的演讲。我很早就来到举办场地，装好了电脑，准备调试好声音和图像，以让它们都能正常工作。但这时我感觉自己好像快要生病了。整个人很不舒服，脑袋开始昏昏沉沉的。

　　这是一个两个半小时的讲座。我以前从没有把它当作问题。通常我的演讲不管是一个小时，还是一个半小时，总是会超时，因为我感觉自己有很多话要说。今天这个主题更加令我感到兴奋，有太多要说的。"你可以开始了，安吉拉！"我听到组织者说，"该你上台了。"

　　在台上，我很快意识到我的设备无法按计划工作。计算机的声音和图像显示均出现问题——因为我之前没有检查。我只是假设它"通常"都是可以使用的。这一次我更大的错误是我认为自己可以通过即兴发挥而将演讲时间自动地延伸到两倍以上。我没意识到这很难做到。

　　这一天，可怜的听众们坐在那里。他们自己买票并付款，花了些时间提前下班来这里，却要见证这种失败。缺乏实质性内容使整个演讲失去活力，变成一个笑话，这让人感觉很无聊，整个演讲变成了一种漫不经心的痛苦尝试，根本达不到我和他人的期望。我也尝试扩展内容，但没有成功。我不得不比计划提前半个小时结束演讲。这太糟糕了！

幸运的是，我又接到了第二天在赫尔辛基举办演讲会的邀请。我说"很幸运"，是因为这"迫使"我有了再次回到同一个轨道、同一个起点的机会。在令人尴尬的不舒服感觉之后的几个小时内，我没有时间和机会去愁眉苦脸，我要打包准备在芬兰进行下一场演讲。

我的准备工作是一次军事冒险。这次没有什么可错过，因为我觉得我将无法接受再一次类似昨天那样的失败。通过精心准备，一切都井井有条——前一天的失败实在是让人汗颜——这次看起来很成功。我从中学到的经验是，再也不能在细节准备方面妥协，不能再给失败留下任何机会。遗漏的重要细节可能会破坏整个形象。

通过在赫尔辛基的演讲，我可以向自己证明自己可以做到最好。但是那些参与那一场惨败演讲的听众们不知道我能做到，为了使他们知道这一点，还必须说服他们。

恢复受损信心的一种方法是，创造一个机会，使你证明自己实际上可以，并且是值得信任的。通过承担责任、执行任务或者实现诺言，你可以逐步恢复、重建信任关系。无论关系是新建立的，或者是信任陷入了危机，这都适用。

每次我们恪守承诺或者完成我们所说的事情都会建立他人对我们的信任。它从第一印象开始，随着时间的流逝，通过我们的行动逐渐建立并给人留下深刻的印象。

当知道某人正在经历重要的事件或者有困难的时候，我们通过问候、打电话、生日祝福、发送一封电子邮件等很多方法可以表明我们在意、关心对方，这在新关系和旧关系中一样重要。

➤ 关乎生存的特征

正如上一章中所述，对有利于生存的特征，我们特别感兴趣。因此，我们对可以提供有关这些特征信息的信号非常敏感。其他人的友善对我们至关重要，因此我们对危险、不可靠和不可预测的信号很敏感。从进化的角度看，了解对方是恶意还是善意，以及预测他们是否具有实现自己意图的能力是至关重要的。

与仁慈的傻瓜相比，我们从仁慈的天才中受益更多。

当我们获得新信息时，改变对一个人从有能力到无能的想法很容易，而要改变对一个人从无能到有能力的想法则困难很多。

某些印象比其他印象更容易取得，并且或多或少地不易被改变。

生气的表情比中立的表情更容易吸引我们的注意力，并且它们能够在较长时间内保留在我们的注意力中，而愤怒的表情可能意味着侵略性和危险性。

但是脑科学研究在这里很有帮助：就可靠性而言，研究人员已经看到，我们的杏仁核对"不可靠"的外貌做出了反应。这些内容我们将会在本书中做进一步的介绍。

根据烟雾探测器原理，我们对负面信息的评估要比正面信息的评估更容易。我们会基于更少的信息，更快地得出结论：某人是邪恶的类型，比起我们得到某人是善良的印象而言，任何正面的第一印象都可以通过新加入的信息而转变为负面印象；同时，负面印象往往相对难以改变。创建第一印象时，情感中心杏仁核是关键角色。

因此，让我们仔细看看我们是如何做出决定的，无论是对同事还是旅行度假，决定性的因素是**逻辑**还是**情感**?

如果你有伴侣，想一想你当初是如何选择他，你们是如何喜欢上彼此的？这一切都始于准确地评估伴侣的品质、特征吗？

有序？是的。

节俭？是的。

高收入者？是的。

因此，你们决定恋爱。

还是首先有美好的感觉，然后你希望对方有正面的、积极的品质？

我想，更可能是后一种情况。

在控制我们情绪的区域内，大脑受损的人可能缺乏感知情绪的能力，他们在决策方面也有很大的困难。他们可以从逻辑上推理出自己应该逐步执行的操作，但是即使是早餐吃什么，也很难做出决定。

研究员安东尼奥·达马西奥表明，真正影响我们决策的正是我们的情感。情感推动我们并给我们指明方向。

如果你曾经试图仅仅用逻辑的论据来说服朋友或家人去哪里度假，那么这些是不够的。逻辑仅仅是我们人类做出决定的基础之一。情感在帮助我们影响别人、达成一致方面的作用无与伦比。

　　决策基于情感。 我们会找到合理的解释来说明为什么我们要做我们所做的，选择我们所选择的，或者购买我们所购买的。"一锤定音"通常由甚至连单词都不理解的大脑部分持有。几百万年前，当我们人类的大脑结构开始形成时，语言、文字都还不存在。

➤ 新技术——新的沟通渠道

　　贾思敏自六个月前就已经恢复了单身，在结束了长期艰苦的恋爱关系之后，她感觉很好。一位朋友告诉她一个新的约会网站，看起来不错，贾思敏认为。在一个独自在家的星期天晚上，她决定试一试。她在网站上注册了账号，上传了照片，填了她的个人信息以及要寻求的对象要求。很快就有人回应了，而且不止一个。有些人感觉比其他人更认真，贾思敏就回复了这些人的信息。她还联系了一些她感兴趣的人，这些人的资料看上去挺好的。

　　贾思敏应该如何从这么多有回复的候选人中了解并知道谁值得约会呢？在偶尔与其中一个接触几周之后，她决定与他见面。他的名字叫约翰，他们约定在一个彼此都熟悉的地方见面。她到达约会地点时，从远处看到约翰就认出了他。他看上去比网上的照片更好看，而且穿着考究。

　　希望贾思敏对他的好印象能一直保持下去，即使在约会以后。

　　与许多人一样，贾思敏首先在网上开始聊天，然后在现实生活中约会。

　　如今，雇主和顾客都可以在他们决定和我们见面之前就先对我们进行了解。在过去的一千年中，我们的生活环境发生了根本变化。仅在最近几十年，才有了革命性的技术变革，这些变革对我们的社会生活产生了很大影响。跟其他人做同事、合作，都不需要见面或者在一起，甚至我们可以在不同的大陆上生活。现在除了可以在现实世界中看到之外，我们还可以通过移动电话、视频通话、社交媒体聊天和收发电子邮件等方式进行沟通。尽管取得了这些技术进步和彼此"社会化"的新方式，但我们不能主张以同样的速度对人进行"更新"，以更好地适应我们的新技术。

有趣的是，贾思敏不仅在她和约翰面对面约会之前就在网上"见"了约翰，还从网上看到并知道他的很多个人信息。她看过他正在使用的单词和表情符号，她还在电话中听到了他的声音。在这些信息拼图的基础上，她建立了对约翰的印象，并决定见他。

当他们见面时，她在听到约翰说话之前就看见了约翰。她看到了他的穿着、面貌、头发、面部表情和身体姿势。她所看到的一切为她对约翰的印象奠定了基础，也为她所听到的奠定了基础。

当我们彼此见面时，我们可以听到对方在说什么，可以握手或拥抱，可以闻到对方香水的香味。我们也可以在不同的环境中见面。总而言之，这会影响我们对彼此的了解以及怎么开始我们的关系。

第一章中的奥古斯看到一个骑马的人快到眼前了。他从来没有听过那个人说一个字，对方那个骑着马的男人也是"被迫"根据他所看到的一件信息对奥古斯做出第一印象的决定：一个骑着马的男人。

当我们对人建立第一印象时，我们会根据现有的，有时可能有缺陷的信息来得出结论。我们有时候只看到照片或只在电话上听到声音，就可以从中得出结论。如果有公式或者模式可以套用，那我们只需要阅读一封电子邮件就可以得出我们对他人的第一印象。但，这就像我们在社交平台上看到一张模糊的图片，上面隐约可见一只狗坐在膝盖上。朦朦胧胧，仅此而已！

你密切关注着别人，别人也在密切关注着你！

我们都会使用现有的一切信息作为基础来创建对彼此的第一印象。

你当然不会在你的额头上写着：本人有趣、可靠且知识渊博。你需要将这些信息通过合适的方式传达给你周边的人和所遇到的人。

通常，我们并不真正知道我们正在发出什么信号。我坚信，通过获取更多知识，我们可以避免很多问题。

接下来的章节将详细讨论我们如何相互解释，但是我们首先要看看我们的个性、情感和情况如何影响我们的第一印象和人际关系。

Chapter **5** 感觉和环境

法官刚吃过午饭，会比饿着肚子时做出的判决更温和；在治疗现场听取病人倾诉的医生会比其他人更少地遭到投诉。

你要去会面的人可能很疲惫、压力重重，也可能很开心。他们的情绪状态会直接影响对你的看法。在本章中你会了解到，不同的情境如何让关系的确立出现不同的可能性。我们的自我形象、出场方式和兴趣，也会将这种关系引向特定的方向。你还会知道我们需要交往多久才能对他人做出正确的判断，以及该如何修复糟糕的第一印象。

想象一下，你收到了一封从医院寄来的信，一周前，你去那里做了一个检查。过去几周感觉糟糕极了，一直像在做噩梦，甚至你或多或少已经开始计划自己的葬礼了。你已经在谷歌上搜索了几乎所有有关你确信自己所患疾病的信息。你读到的所有信息几乎都与感觉到的症状一致。

由于你意识到自己可能患有这种疾病，因此平时就没有什么东西能让你感到满足和快乐。你其实是一个乐观的人，甚至一点点小事都能让你感到很高兴。你总是能发现许多有趣的事和遇到有趣的人，让工作和生活充满了实实在在的兴奋点。

但当你可能会面对这种可怕的命运时，所有这些有趣的事情会为你带来什么？

现在，你看着这个白色信封，它的左上角带有医院的标志。你知道这里面装着检验结果。今天，你就会知道，而不仅仅是相信或者预测。你已经计划好了向最亲的人和最好的朋友宣布这一消息。你仿佛已经看到了妈妈在你面前哭泣，爸爸一言不发。你的手在颤抖。你很想，但你也不想打开这信封。只要你还没有打开，就仍然有希望。

无论如何，现在该是亲眼看到真相的时候了。你撕开信封，疯狂地寻找相关的信息。你一次又一次地阅读这封信，然后问自己："这是真的吗？"

"未发现异常。"你还看到，是因为某些完全不同的东西引起了你的症状，而这些是完全无害的。你此刻的安心和放心是难以用语言形容的，你又唱又跳。

当一个人感觉整个世界每个地方都像是阳光灿烂，仿佛遇到

的每个人都向自己微笑时，也会很开心地报以微笑。

如果你刚收到一个积极的信息或拥有良好的自信心，那么你对同伴的看法会和之前有所不同。一帆风顺的境遇会让我们对他人更大方。当怀着善意来互相看待对方时，我们会变得更加愉快——它创造了一个自我实现预言的良性循环。

➤ 情感条件

快乐时，我们会释放出善意。我们的所有情感都会影响自己对周围环境的看法。就像我们的胃里有食物并且感到很饱，它便会影响我们的行为。一个刚吃过午餐或一顿丰盛的早餐的法官比在饥饿状态下的同一位法官做出的判断要温和些。

这意味着我们要把最重要的预约或者会见预定在午餐后不久——这会为我们的关系提供最佳的开始并确保每个人心情都乐观吗？

我们根据自己的情绪状态以不同的方式来处理得到的信息。愤怒使我们对信息的处理更加简化和冲动，让我们没有耐心去了解更多关于案件的细节，不得不直白地解释事实：这确实发生了。到此为止。

愤怒的调查员比悲伤的调查员更可能使用刻板印象，同时，愤怒的调查员倾向于将案件置于自己所能控制的范围。

另一方面，悲伤使我们在关于因果关系的感觉和情况分析中更系统化。因此，悲伤的调查员倾向于能看到我们无法控制的东西。

避免愤怒，有可能让我们赢得更多。因为我们在愤怒的过程中充满了偏见，让自己变得肤浅而失去分析能力，而且这种不良影响会持续不断。

同时，我们也要避免承受别人的愤怒，无论是在工作会议之前，在法庭上，还是在其他地方，我们都可以因避免承受别人的愤怒而受益。生气的人不会给我们公平的机会。

我们的情感是我们观察整个世界的过滤器。情绪会影响我们如何看待周围的环境，还会影响其他人如何看待我们。当我们表达并承认自己的感受时，其他人会认为我们更真实，关系也会得到不同程度地加强。

➤ 状况

我们所处的状况会影响我们如何看待他人吗？也许吧。如果在白天，我们在自己安全的角落中遇到别人，跟我们在黑暗的街道上或者陌生的地方遇到别人，会使我们对他人的看法有所不同。

在许多研究中，允许处于不同环境中的参与者评估他们遇到的人的情绪状态。但事实是，他们所接触的人没有任何感觉，表情是完全中性的。有些人与实验参与者具有相同的种族血统，而其他人则没有。

结果表明，处于不稳定和不熟悉的环境中，焦虑程度更高的实验参与者倾向于观察到别人的愤怒（但没有其他情绪）。

研究人员还试图通过让实验参与者看着电影中令人恐惧的场

景来唤起恐惧感，然后他们认为来自不同种族的人比其他人更生气。

➤ 自我塑造

我们的行动、关系、社交能力和结果受到一个共同事实的影响，这个事实就是我们在生活中所选择的道路、从事的工作、阅读的书籍以及对他人的看法，这个事实就是我们如何看待自己——我们的自我塑造。

我是否传达了自负、傲慢或同理心、平易近人？如果我传递出的信号显示我自己是一个快乐而有趣的人，那么其他人将更容易感到快乐；如果我感到封闭并且"很难说话"，那么其他人很容易将我视为无趣，甚至是冷淡的人。我们的所有情感都会影响我们的人际关系，我们传递出的信号也会影响我们收到的信号。一样具有反作用力。

现在，你可能不会相信自己的能力很大，也不认为自己很有趣、很博学或者有很强的执行力。你可能会觉得自己不成功，也许你过去的经历曾对你造成很大的负面影响。

自我塑造会受其他人如何对待我们的影响，并可能在过去的岁月中经历过一些曲折。

你可能在最近的除夕夜对自己承诺过要开始训练，但尚未开始。或者你有戒烟的计划，但没有成功。

就我个人而言，我自己设定了一些我还没实现的目标，并且知道如何轻松地去打乱自我形象的塑造。对自己能力的信心下降，最终让人们停止相信他自己能做到，能实现目标。但积极的是，较弱的自我形象可以通过塑造来增强并变得更好。**我们可以决定自己的价值**。那么，这个价值就是我们将要传递给外界的东西。在那里，就像向上或向下的螺旋线一样，这取决于我们自己。如果螺旋线正在下降，我们需要以正确的方向将其扭转。

扭转局面的一种方法是结束我们原来设定的，就是那些我们已经知道自己将无法实现的宏伟目标。

目标太大或太遥远无助于我们的自我塑造。也许我们应该在每个星期都按计划实现了自己的目标之后，例如按计划完成训练、戒烟，或者达到一个小的工作目标，对自己进行奖励。我们可以通过一些小步骤开始建立自己的形象。

你的行为方式将影响其他人如何看待你。如果你表现得好像自己是一个有价值的人，那么其他人就会认为你是有价值的；当你被视为有价值的人时，你会开始相信并慢慢意识到自己就是有价值的。开始尝试并自我检验！

一个有点儿意思的例子是前总统夫妇约翰·肯尼迪和杰基·肯尼迪，他们在公开场合表现得像皇室成员——举止迷人，传达了一种非凡的尊贵感。

人与人之间的大部分交流都是以非语言的方式进行的。每个人都会通过各种言语和非言语信号不断地在团队中给自己排名。这既与我们提供的信息有关，也与我们收到的信息有关。

通常，我们都不知道发生的所有事情，但我们的大脑在一秒钟之内就能感知并记录大量信息。

例如，我们的运动方式是又快又急，还是又静又稳？例如，如果我们紧张地用手指抓头发并避免眼神接触，则会使他人对我们的感觉更加糟糕。通过了解人们的各种行为和肢体语言的意义，我们将可以获得一切。研究那些成功人士的行为是多么令人兴奋，他们看起来是什么样子的？他们如何跟人打招呼？他们说的话给人什么样的感受？从而意识到，我们通过身体可以传达什么样的信息是增强沟通能力的重要工具。

有了积极的自我形象，我们将有很多收获。较差的自我形象会导致我们对其他人更加充满偏见，这对我们的人际关系没有什么影响吗？

➤ 对他人的兴趣

你和你的新朋友坐在舒适的钢琴酒吧里，每人都有一杯葡萄酒。你还不确定这是否就是一次正式的约会。从你个人角度来看，很明显，你感觉自己对对方很有兴趣。他很有趣，看起来很不错，似乎对他自己的一生也很有规划。你问了一个有关他兴趣的问题，他告诉你他爱滑雪。他每年都会至少去法国阿尔卑斯山旅行一次，每次为期两周。在夏天他还喜欢骑自行车。

"这就是生活！"他饱含深情地说，眼神里充满了渴望。他继续讲述着自己激动人心的经历。去年秋天，他和一个伙伴到美国旅行，他们陷入了一个无人区，然后他们解决了这个问题。确切地说，是他解决了这个大问题。你觉得这是一个非常有创造力的人。他还生动地讲述了与一个大客户的最新项目。你认为他真的是一个令人兴奋的人。他继续一件事接一件事地讲述着……

整个傍晚，你们都很愉快地在一起，并恋恋不舍地说再见。然后你回到家，洗漱完就可以上床了。当你躺在那里时，你回忆着今晚的经历，却对这个一起共度了一个晚上感觉美妙时光的男人并没有感到非常兴奋。他是如此特别，看起来好像非常善于解决问题，并过着如此丰富多彩的生活。你应该振作起来，陷入爱河才对！但是没有，你感觉他对你一点儿兴趣都没有。

这感觉很奇怪，但深深地打击了你：他对你一无所知。他没有问你哪怕一个关于你和你生活的问题，比如你喜欢什么，你的梦想是什么，你热衷于干什么或者你与家人相处的情况。

我们会对生活和经验感到好奇。我们可能想学习新事物并挑战自己，但是对其他人表现出真正的兴趣和关心会使你脱颖而出。如果你向对方提出问题并真正地尝试去理解对方，对方会为此而喜欢上你。他们可能不明白你为什么如此不可抗拒，但他们会感觉得到。

➤ 存在感

大家的眼睛和兴趣点都在手机上，那么你是否应该继续坐着、等着、观察着周围，直到引起朋友们的注意，还是让自己忙于一些其他事情会更好呢？想一想，也许你也可以拿起手机，打开电子邮件。

或者在社区医院，你一直在候诊室等待、轮号。护士将过来叫你的名字，并带你进入就诊室。接待你的医生漫不经心地跟你握手、打招呼。她几乎不看你，大部分时间都盯着电脑屏幕，她开始问你哪里有什么不舒服，同时在电脑上记录这些问题和你的回答。你感觉她对你好冷漠。你只看到她在书写什么，并听到按键杂音。她在认真听你的回答吗？

你担心自己的健康，你感觉有许多问题想了解清楚，但却感觉很难说清楚。你决定等待对方提出一些问题再回答。

要成为能够让别人记住的人，需要我们彼此有亲近感。**我们的实力越强，其他人对我们的感觉就越安全。**

存在感的概念可能会让你认为这全是关于物理存在的。事实并非如此。当我们成功地从身体和精神两方面都感觉到亲近时，我们的关系和对话质量就会提高。我们在人际关系上获得了更大的满足感，会具有更大的能力应对所出现的挑战。美国研究人员还发现，真正愿意亲近并倾听患者病情的医师比其他医师更容易受到认同和表扬。

在改善自己身体健康和心理健康的同时，我们会成为更具吸引力的合作伙伴。亲近感是所有关系建立的重要组成部分，无论是夫妻关系、同事关系，还是任何其他关系。

➤ 清晰度

也可以说，存在感与清晰度有关，我们可以通过删除分散注意力的事物来增强清晰度，这可以是我们怎么做的、怎么说的，或是我们的着装。我们可能倾向于使用夸张的肢体语言，如果将其剥离，那么我们想要说的话可能会变得更清晰。我们传达的信息必须是明确的。

　　　　我们可以考虑使用人体真正需要的部位来传达信息并让其余部分静止不动。如果你属于那些在讲话时经常使用手势的人，那么可以尝试仅仅使用手。

　　　　我们在看自己视频的时候，会更容易发现自己那些不必要的动作和言语，会很快意识和理解到自己不合适的言行。

　　　　我们剥离的多余东西越多，就越能清晰地传达信息。我们可以更好地传达我们传达的信息，而其他人也会更好地倾听我们的声音。

➤ 薄片撷取

　　　　即使获取的信息只是一小块或几片，我们也会根据手头的仅有信息得出彼此的结论，这被称为薄片撷取。

　　　　握手、眼神交流或者只是网站上的个人资料，所有的一切都会被用作判断一个人的性格和特征的基础。我们会根据可获得的少量信息进行概括和总结。

　　　　事实是我们经常会得出正确的结论，五秒内得出的结论通常与五分钟后得出的相同。

　　　　即使只用三十秒内的无声视频对一个人进行评估，结果也被证明是非常正确的。

　　　　互动的第一秒是最重要的。有趣的是，人们极少会意识到影响他们的是以哪一种确切的方式判断其他人的原因。信誉度、可靠性、支配力、神经过敏、热情、表达能力、同情心和礼貌都是经常被研究，并被证明即使在只有短暂的互动之后也是可以准确预测的品质。

我们经常会轻松地表达对某人的感觉：他看起来很可靠、正直、博学等。然而，我们很难准确地发现到底是什么让我们感觉到并得出这些结论。也许，这与非语言交流经常发生在无意识的平面上这一事实有关。

综上所述，无论其他人对我们了解多少，他们都会以小块、薄片的信息为基础影响他们对我们的印象。

■　自我实现的预言

在儿童夏令营进行了一项心理实验。带队老师和孩子们都不知道要调查什么。心理学家指出，那些眼睛大、孩子气一般的孩子们被选择来完成本质上比较简单的任务；而看上去越像成年人的孩子们越有可能被选择来负责更艰巨的任务。

我们会像其他人看待我们的样子那样来成长吗？我们会按照别人对我们的刻板印象来做事吗？

➤ 第一印象是否正确

通常，我们很擅长根据第一印象来解释彼此的特征。但是，有许多因素可以使第一印象更加准确或不准确。有些人会比其他人更容易被别人准确判断，我们中的一些人也更擅长对别人做出准确判断，但即使是这样，判断者的动机也会影响其准确性。

一项研究使用了许多不同的时段来查看我们到底需要多长时

间：5秒、20秒、45秒、60秒和300秒？研究人员想调查了解人们
到底需要见面多长时间才能形成彼此的印象，并且在获得更多的
时间后是否会做出更准确的判断。研究人员还询问了各种类型的
信息各自意味着什么。

比如我们介绍自己，或者讲述一个有趣或戏剧性的故事，或
者解决一个逻辑问题，这些时刻对我们的重要性是一样的吗？如
果知道这些，我们将有更大的可能获胜，特别是在招聘或恋爱关
系开始时。而错误的判断会付出巨大的代价。

心理学谈到了"五大"，即人类的五个基本特征。它们是关于
我们或多或少具有的开放性、同情性、尽责性、外向性和情绪稳
定性。

心理学的其他部分集中于智力以及积极或消极的情感表达。
但是，当我们创建第一印象时，并不是所有的这些属性都那么有
吸引力。

对我们来说，人类进化中最重要的一件事就是我们善于感受
其他人的**情绪**：如果你生气了，你可能会对我构成危险，我需要
知道我何时应该避开你。因此，我们会更快地察觉到他人的负面
情绪。我们也会更快地察觉到对方的智力、开放性和尽责性。

我们可以在5秒和300秒（5分钟）之后对这些特征得出相同
准确度的结论。在50毫秒内正确地感受到对方的开放性、外向性，
甚至还可能在50毫秒内正确地理解对方的面部表情。

我们通常需要花更多的时间来发现他人积极的、正面的情感
表达。原因是可以肯定的，正面的情绪和性格特征不会对我们构
成威胁。

　　因此，如果你是一名行政人员，那些将要入职的人员是否具有正面的、尽职尽责的态度对你而言就很重要，那么你最好多花一点儿时间在每一个应聘者身上，以便真实地了解他们的性格特征。

　　为什么会这样呢？我们再想想："是朋友还是敌人？"或者换一种方式表达："这个人可靠与否？"这是我们首先要回答的问题，因为它关系到我们的生存。

　　我们擅长快速发现某人是否聪明，这一事实与我们一直想知道某人是否有能力可以实现他的好或坏的意图有关。了解并发现这些性格特征的速度可能与我们的生死有关。

　　我们什么时候应该互相评判？我们在会见开始时是否茫然，需要在一段时间后才展示"真正的自我"？答案是：过一会儿。那是我们最正确地了解他人的大多数性格特征的时候。

　　在一项研究中，研究人员发现我们在互动中存在着"最佳三分钟"。一旦我们度过了最开始时有点儿紧张的时刻，但还没有到达那个开始考虑"我们现在该谈论什么"的时刻，我们可能才开始"见到"另一个人。

　　另一项研究发现，一分钟的互动得到的判断准确性比更短时间的互动得到的结果更准确。在快速约会或求职面试中——一分钟都足以对对方进行性格和智力评估。

　　将互动时间增加到一分钟以上可能会更好，但是根据许多研究得出的结论，这是不必要的。

　　有些人在形成正确的第一印象方面的能力会比其他人更好吗？答案是肯定的。更多的研究人员得出的结论是，女性评估者通常比男性更准确，尤其是当任务是观察情感的时候。

➤ 不良的第一印象可以修复吗

想象一下，你与一个完全陌生的人开始一个重要的会见。尽管你有良好的意愿，但事情的发展并没有如你所愿。你给人留下了不好的印象。你抱怨并认为你现在已经破坏了这种新关系。让它就这样继续下去，还是尽可能修复这不良的第一印象？

不好的印象就像在一杯水中滴入一滴黑色的墨水，我们应该如何让水变清呢？

首先，我们可能会想给对方打电话询问、道歉或解释，也可能会询问对方是否可以一起喝咖啡或共进午餐。

经过多次良好的、积极的互动——这是秘密——也许对方就改变了想法，并意识到第一印象并不妥当。

因此，答案是肯定的，我们有可能获得所谓的"第一印象更新"，从而使其他人改变他们的看法。当然，这比我们从一开始就正确操作要付出更多努力。

Chapter **6** 身体语言——姿势和手势

迎面相遇时，凭直觉，你留给对方的印象是什么？

在选举中，决定获胜的最大因素似乎就是政治候选人的外观魅力，即人们偶然在电视上看到这位政治家一两次，由此形成的情感印象。这完全是一种直觉。早在让人们发现你是正确之选之前，他们就已经做出了情感上的决定：你是不是个领导者？他们是否能信任你？

我们的肢体语言通常并非有意识而为。同理，我们也能从别人身上"读出"这些信号。在本章你将了解到，哪种肢体语言会传达出力量感和影响力，哪种肢体语言会传达出关怀和同理心；为什么表现出彼此相似，会让对方更容易喜欢上你；如何能清晰地传达出这些信息；让你更有魅力的五种品质是什么。

我们的身体及其动作与沟通有关，这称为非语言交流。

根据动作方式，我们周边的人会对我们的看法有所不同。哪怕只是"行为薄片"，也会有这样的作用。我们会根据手头的信息来建立印象——通常，这些信息就可以构成足够好的基础。

你被邀请参加一个熟人乔迁新居聚会。到了门口，你按了门铃。这是一个不错的房子。餐食已经摆好，葡萄酒看起来很多，你可以随意喝，有些客人已经到了。大家都在聊天。你昂首挺胸地走进去，微笑着穿过大门，挂好衣服。你感到非常地舒适和安全。你昂着头环顾四周，没有看到任何熟人，一个都没有。你有信心，并期待结识新朋友。你看到爱娃·琳娜站在那里！你马上走过去，好像她几年前曾与你合作过。你们彼此热情地打招呼并互相询问近况。

当然，这就是我们希望开始参加聚会时的感觉。我们希望感到舒适，宾至如归，表现出自信心，并习惯于保持开放、积极的态度。

但有时候的感觉恰恰相反。甚至可能在聚会之前，你就会想到："我要去那里做什么？我可能不认识任何人？谁愿意和我说话？"然后，在通往聚会地点的电梯中，你的不适感加重，并且后悔答应来参加聚会。

在你准备按门铃的时候，你听到了谈话声。听起来好像有很多人。你为什么不早点儿走呢，在大家看到你之前？现在每个人都在看着你。感觉真的很不舒服，但你还是要按门铃。门开了，一个你不认识的人出现了，你迅速跟他打招呼。你的双手插在口袋里，双眼飘忽不定地进了门，但你感到如此不安全，以至于不想对视任何一个人的目光。你缩起了肩膀，希望找到一个可以安静站立的角落，直到摆脱所有人的目光。

我们现在来比较这两个不同的场景。

第一个场景，你认为自己可以掌控局面，拥有控制权。你的行为积极，态度谦卑，个性外向。你让其他人感觉平易近人，并没有将其他人视为威胁，并且其他人也不会将你视为威胁。

第二个场景则恰恰相反。

在这两种情况下，你的肢体语言都是在表达你的形象：走路、站立和打招呼的方式。

在所有的关系和沟通信息中，我们通过两种渠道进行交流——一种是语言交流，另一种是非语言交流。在这两个渠道中，互相之间同时在进行两种平行的对话。在一个30分钟的见面中，我们很可能传达数百种不同的非语言信号。如果我们只专注于沟通的言语部分，得到的结果就有可能远离实际情况。

关系取决于沟通。

我们已经知道这些沟通方式，因此在演讲或聚会之前，我们经常专注于必须说的话，要记住的要点、公式和关键术语。这样我们就可以用让人信赖的、有同感的方式成功传达我们的计划和意图。但是，在你准备不足或者重视不够的情况下，其他人会在一秒之内，甚至千分之一秒内"解读"你的信誉、信心以及你是否是一个善意的人。这些都发生在你有机会说出许多话之前。

你的姿势、手势，与他人的身体距离、目光接触和面部表情，甚至在你张开嘴巴说话之前就已经降低了你的信誉，以至于人们甚至没兴趣，不想去听你要说的话。也许你的非语言交流信息和你说出来的语言信息根本不一致。别人会怎么处理？正确的用词与无法建立信心的肢体语言相结合，可能使我们感到它无法达到我们的期望，但却不知道为什么会这样。

我们职业生涯的关键部分通常是建立和维护积极的关系：我们和客户、患者、学生、员工、同事或经理见面。在我们与他人的沟通中，我们遇到的人中有一部分用语言表达了一件事，而另一部分则用非言语表达。

家庭生活也是如此。你可能会觉得自己的伴侣对某件事感到不舒服，即使他没有对此说一个字。

如果我们要成功，非语言表达的能力和正确观察、理解对方非语言表达出来的信息的能力是至关重要的。不幸的是，我们亲密的同事、同行和客户的误解或忽视信号可能使我们付出巨大的代价。

麻省理工学院媒体实验室的研究结果表明，即使是非常微妙的非语言信号，也是业务交流中实际发生情况的有力线索。

谈判受双方各自的姿势、谈话过程中的肢体语言，以及其中一方在一定程度上确定谈话基调的程度的影响。

麻省理工学院媒体实验室已开发出一款名为Sociometer的App，可以检测出我们无意识信号中的模式。感谢这些研究者让人们在沟通开始两分钟之后，就能够预测求职面试、谈判或演讲的结果，而无须等到最后。

深入了解我们如何受到非语言信号影响的另一种方法，是使用所谓的fMRI（功能磁共振成像）。通过无线电波和强大的磁场，fMRI可以提供我们内部器官和组织的详细图片。这项技术也已被用来形成关于我们彼此交流时大脑所发生的变化的图像。功能磁共振成像可以通过查看血液流动的位置，来显示可见的大脑区域如何激活或保持不活动。

杜克大学的fMRI研究人员已经解释了为什么我们更容易记住微笑的人的原因。研究人员认为，当我们听到并试图记住这些微笑的人的名字时，我们大脑（双额叶皮层）的奖励中心变得更加活跃。

关于肢体语言的棘手问题可能是：我们很少能意识到自己是如何受到影响的。

也许我们对一个人得出反面的结论，是因为这个人过分自负，不看我们的眼睛，也不经常关注我们，也可能是因为他是一个对身边的人爱摆架子的人。

只要我们不知道正是这些影响了我们对相关人员的评估，我们就没有机会纠正自己可能错误的思维方式。

➤ 人脑

在进化过程中，人脑已经成为一个复杂的结构。为了简化说明不同的大脑结构功能，医生和科学家保罗·麦克里恩在二十世纪六十年代将大脑分为三个主要部分。他的意思是说，这三个部分是在进化过程中逐渐添加的，因此我们的大脑实际上是"三个大脑合而为一"，或者说是"三位一体"大脑。

根据麦克里恩的说法，三个大脑中进化最古老的"爬行动物脑"由脑干和小脑组成，控制着人体的重要功能，如心脏功能、呼吸和平衡；而最新的补充是在大脑半球表面发现了大脑皮层的组成，被称为"新皮层"。

　　额叶在人类中发展得非常独特，它是新皮层进化的最新产物。额叶在一个人大约25岁时生长完全成熟，功能包括对情绪冲动的执行和控制。这部分在我们设定目标、制订计划、解决复杂的问题时很活跃，并从可能的多种思考行为中选出一个进行报告。

　　麦克里恩认为，在爬行动物脑和新皮层之间，存在着一个"边缘系统"，即构成边界区域和其他两个"大脑"之间的联系系统（拉丁语"limbus"：边界）。此部分包含下丘脑、隔垫、杏仁核、海马和扣带回。杏仁核是成杏仁形的一部分组织，位于海马体的前面，它是首先通过情感信息访问并对其做出反应的结构。杏仁核可以看作是大脑警报系统的一部分：它迅速接收传入的心理和生理信息并确定我们观察到的内容是否可能构成威胁。它对危险的反应比对奖励的反应更快、更有力，并且具有有限地区分不同刺激的能力。

　　在过去20年中，神经研究已经放弃了麦克里恩的大脑构成学说。特别是边缘系统的概念是有问题的，因为不属于该系统的结构已被证明对动机和情绪至关重要。例如，由自然奖励或成瘾性药物产生的积极感觉是重要动机状态的典型例子，但主要与活动相关联，而这种活动在麦克里恩的部门（即Nc）中根本没有提及。因此，最好参考与不同大脑功能相关的特定结构和网络。

　　如果你不是太看重字面意思的话，麦克里恩的模型可能仍然是在教学上有用的简化知识。就像我们已经经历的那样，我们深受情感的影响。在商业和私人环境中，情感对于我们的决策至关重要。

　　由于无意识地处理了进化得较快但较粗糙的较老大脑结构，因此逻辑过程通常只是已经做出决策的合理理由。大多数情感决定都是在没有意识的情况下做出的。这是进化性较老的大脑结构的工作方式：不周到、不报告，且通常难以抗拒。这些过程通常是价值的基础，而价值又通常基于对非语言信号的情感反应。通常，演化性旧大脑结构的网络在非语言交流中起关键作用。

　　心理学家保罗·埃克曼指出人类存在着一些有限的基本情感，这些情感以类似的方式表达，而不关乎文化背景。

　　达尔文已经强调了面部模仿肌肉组织在表达情感方面的重要性，而埃克曼的研究为这一描述提供了有力的支持。

　　但是，情感是通过全身表达出来的。

　　当我们看到一个老朋友，首先会扬起眉毛，接着惊讶地睁大眼睛，然后笑容满面。如果听到沉重的消息，我们就会低头。当感到高兴和自豪时，我们走起路来就会昂首挺胸。

　　柏林神经科学中心的约翰·迪兰·海恩斯和他的研究小组使用功能性磁共振成像来表明试验参与者在测试中陈述的决定是可以预测的。早在参与者自己表明已经做出决定的十秒之前，他们就记录了大脑活动。这只是表明无意识的大脑活动先于有意识的过程的研究之一。

► 各就各位

　　现在是星期一，是开例会的时间。同事 A 出现在了会议室，她突然就坐在那儿了。你都没有注意到她什么时候、怎么进来的。

相反，你听到远方传来了同事B的声音。她的脚步声在走廊里踢踏作响，你知道她很快就会把头伸进会议室。她用一种充满活力的声音喊道："你好，嘿！你们好吗？"她把笨重的背包扔在桌子上，由于背包底部有一些金属纽扣，你听到砰砰的声音响了起来。她迅速地从背包里拿出几个活页夹和一个记事本，连同手机和手套都放在会议桌上。同事B的东西占了好多地方。

同事A悄悄地进入会议室，没被别人注意到。她保持沉默，东西也放得整整齐齐。

正如动物划分势力范围一样，我们人类可以通过多种不同方式来表示权威和所有权。那些扮演领导角色的人可能需要以不同的方式来表达权威，但同时需要记住，他们一直在被别人观察着。

你在组织中的地位越高，就越是人们注意的焦点，并且人们对你所做的看法越多。不幸的是，许多人常常低估了这一点。在走廊上所做的决定，跟在正式会议上所做的相比，如果不是更重要的话，至少也是同样重要。

领导者跟下属的最佳关系状态是：员工们都希望尽自己最大的努力去工作。基于领导者个人的魅力、亲切和尊重，让员工自主地希望做到最好。

这些"热情"的管理人员善于发出同情、友善和关怀的信号。他们以开放的姿势和手势来做到这一点：你可以看到他的手掌、身体向交谈的对象倾斜，保持目光接触，聆听并复述，适时点头，稍微侧头并保持微笑。

这不仅让人知道应该传递热情，而且知道如何传递热情。

我们也希望自己的领导人传达力量、地位和自信心。当组织面临不确定性和混乱时，我们会寻求能传达稳定性、安全性与保障性的领导人。

这里要再一次强调，非语言表达能力至关重要。

权威和权力通过有力的握手、直立的身体姿势、我们"需要"的身体空间和一个有意义的运动方式来传达。例如，苹果公司创始人史蒂夫·乔布斯在新品发布会上推出新产品时就被认为具有这种运动方式。

但是，这种权力语言可能会被夸大或以错误的方式使用，便会适得其反。例如，非语言自信信号的一个标志：昂首挺胸。如果我们将头部稍微向后倾斜一点儿，就会理解为傲慢。

微笑也一样，它带给人一种强大而积极的温暖信号，但是，如果你微笑着跟别人说出严肃的劝告，则可能会被曲解。

➤ 手势

在工作单位的一个培训日，你预约了一位外来的讲座嘉宾。他的讲座很有趣、很活泼，并且为你的工作团队提供了许多有价值的具体方法。演讲者的这一个小时令人振奋和鼓舞。经过热情的拥抱、掌声和赠送演讲者礼物后，还有几分钟的提问时间。演讲者这时候双手抱臂交叉在胸前说："我欢迎大家提出问题，任何问题都可以！"

房间里的气氛一下子感觉以某种方式改变了。在兴奋和快乐中，观众现在似乎很难提出一个问题。

因为尽管他说了"欢迎"的话，但他的手势让我们大脑的边缘系统立即感受到他想表达的是另外的意思。

当人们面对互相矛盾的语言和非语言信息时，倾向于依靠非语言的信号来阅读和理解。

当然，一些非语言交流是在一定的文化背景下进行的，是在年轻时就学会的，当成年后，我们通常会本能地掌握、理解自己所观察到的所有非语言信号。

尝试在你说话的时候保持静止状态，甚至连手臂都不动。从理论上讲，我们不需要使用手臂或身体的任何其他部位来告诉我们任何事情。但现在来尝试说同样的话时使用手势，感觉是不是不一样?

手势的定义是：一种非语言交流方式，身体部位的位置和动作可用于传达信息。

通常，我们使用手势和肢体语言来强化和明确语言信息。

即使我们已经用言语传达了信息，仍然需要用到手势。这些类型的手势称为谈话性伴随手势——它们关联到声音并说明了所说的内容。

手势的使用是与儿童语言发展相结合的。即使是从来不能看见的盲人也会使用手势。无论是否有听众在场，我们中的许多人都会做出手势。

我是经常使用手势的人之一，我发现如果没有手势就很难清楚表地达自己。手势还能充当一种记忆的催化剂，帮助我记住要说的内容并且说得更好。

在一项研究中，同一位演讲者针对三个不同的听众群体进行了演讲。在这三种情况下，演讲者说的是同样的内容，但是使用了不同的手势。

第一次，演讲者张开手掌，让听众们可以看到他的手心；第二次听众可以看到他的手背；第三次，演讲者主要用食指示意。

尽管演讲者使用了相同的稿子，但听众们却可以根据他的手势以三种不同的方式"观看"演讲。

张开的手掌使听众感到演讲者在谈论的内容很多，引人入胜且幽默风趣，主要内容表达得清晰可见；而演讲者以手背面对听众们，让大家感受到的是权威和侵略性；当演讲者只用食指示意时，让人感觉最糟糕。

对于史前人类来说，看对方的手势来确定他们的意图可能非常重要。在今天的会议上，我们仍然倾向于自动地、无缘无故地误会一个我们看不到他的手的人，这些人的手在我们看不见的地方，在口袋里、桌子底下或背在身后。

我曾经有一次机会给武装部队的成员们做演讲，那里的人们有一个重要而明确的观点：有时候您只需要"全力以赴"即可（"狭路相逢勇者胜"的意思）！

开放的手势，敞开心扉欢迎别人的方式和努力让人喜欢，但并不总是能给我们带来理想的结果。

在我们的社会中，有些人会不幸地试图利用并冒犯我们，张开双臂接受这一点显然具有破坏性。

让我们回到培训日的演讲者，他以口头说欢迎提出问题，但他的肢体语言却表达出结束的意思。他为什么这样做？

当然可能有几个原因：他在这个位子上感到更自在；他可能暂时性思维短路了；也许这是他在需要思考或质疑时通常会使用

的手势；或者，他根本不愿意互动并接受听众的提问。

但是，无论出于何种原因，它都没有决定性的意义，只是所发生的事情构成了他和听众之间的障碍。

重要的是，我们可以自己通过手势、身体姿势和眼神更加意识到自己表达的内容。

高露洁大学的神经科学家斯宾塞拉·凯利（Spencer D. Kelly）通过测量脑电波的EEG设备研究了手势的影响。

最低的测量值之一称为N400。

研究人员发现，当手势表现出与语言相矛盾的时候，就会发生这种情况。

当参与者参加电影拍摄时，其中有人打手势并开始胡说八道时，会出现相同类型的大脑活动。当单词传达一个信息而身体传达另一个信息时，那么所说的一切都是废话。

想要建立良好、可信赖的关系，我们的非语言行为有时却会减少实现这一目标的机会。

我们可以对同事说："随时欢迎你进入我的办公室"，但同时却移开了视线。或者你的老板告诉你："你是团队的重要组成部分"，但同时他却在看一条手机短信，或者在整理文件，并把笔记本电脑当作"墙"挡在你们中间。

通过非语言交流，对方表达了明显的意思："你不值得我全神贯注，或者你对我来说是无关紧要的。"

我们以前可能根本不需要使用手势。我们可以选择只用语言进行交流，然而，其他人可能将我们视为更冷静，更具分析能力的人。

喜欢打手势的人通常被认为比较热情，但是如果我们改用夸张的、大幅度的手势，在头顶上胡乱挥舞，其他人可能会完全不了解我们；感觉我们已完全或部分失去了控制。

当我们紧张或担心时，可能很难安静下来——有些人开始抖脚、转笔头、咬牙，或者用手指绕头发。

在与他人的会见中，现场出席是要考虑的最重要的事情之一。现场出席会给予我们充分的关注，让其他人对我们感到安全。

感到被理解对我们的幸福感很重要，它能激活我们大脑的奖励中心里面和社会归属感有关的区域。

清晰度也很重要。为了保持清晰度，我们需要清除一切可能分散注意力的内容，例如不必要的肢体语言和多余的话。专注于使信息表达清晰所需的手势，突出你要重点表达的，减少一切不必要的东西。

即使你很紧张，请不要绕手指，不要抖腿，也不要用手指绕头发；小心你的用词和面部表情；不要环顾四周；看着别人的眼睛，但不要盯着人家。

▶ 物理屏障

现在在开会，你的面前放着一个笔记本电脑并不少见，许多人都使用它做笔记；双臂交叉坐着也不罕见，房间里可能很冷，这样会感觉舒适点儿、温暖点儿；有时，当我来到一间会议室演讲，发现在最前面有一张桌子供演讲者使用，但跟听众之间的距离有点儿远。

尽管这些场景中的任何一个都没有什么奇怪的，但它们仍然是人与人之间的屏障，会成为互相之间关系的障碍。

➤ 什么时候我们不需要"在一起"

你和你的朋友坐在沙发上。朋友的手机响了，她刚收到一条短信。她看着手机，迅速做出反应。你继续讲着你们的新工作。手机再次响了，又有新短信，她再次拿起手机。你暂停了讲话。她道歉了，但是又回复了短信。

经历了多次这样的打扰之后，你兴致索然。

你会想："如果她现在不想和我一起做事，为什么又要来见我呢？"

当我们看到手机或其他人都被优先考虑时，就会有一种被排斥感。当我们感觉到对方在和我们沟通的时候坐卧不安，左顾右盼，心神不宁，也会产生被排斥感。

人对"在一起"的强大需求源于我们的史前历史，这跟生存有关，"在一起"才能更好地生存。这种需求也与进化有关：我们想知道别人的想法，我们对他们是否感到安全以及他们对我们是否感到安全。

这种需求是基本的、原始的，出于人的本能。通过功能磁共振成像，研究人员发现，当我们有被排斥感时，大脑会做出反应，这和身体感到疼痛时大脑做出的反应相似。

也就是说，被人排斥、被集体排斥、不能在一起，在大脑反应中是很痛苦的。

➤ 倾身

你和朋友刚点了咖啡。你知道她最近处境艰难，现在你应该听听是怎么回事。她开始讲述，你侧着头倾听她诉说。

在工作中，同事问你早上开会后是否可以到他的办公室去一下。在他那儿，你的身子向他倾斜，他也向你倾斜，仿佛他打算对你讲述的是个秘密。你也准备听一些重要的事情，也许是个机密。

稍后，你预约了与可能的工作伙伴的会见。当走进会议室时，你看到她已经坐在那里，懒洋洋的，昂着头靠在椅子上。你好像已经猜到了结果：这合作成不了！

非常正确：她对你提出建议的项目不感兴趣。

我们经常通过肢体语言进行非语言交流。我们可以通过肢体语言传达感兴趣还是不感兴趣，或者传达同理心和理解。

通常，我们会主动靠近感兴趣的人或事，远离那些不感兴趣的或者是在生活中也希望与之保持距离的人或事。

但是，如果我们对那些我们确实没有明显感觉的人或事采取主动靠近或者远离的身体姿势，这种"主动"会影响我们的情绪吗？

会，通过主动调整姿势，我们可以人为地创造一种欲望或者渴望。

向前靠近可以激活我们大脑中对某物非常感兴趣时才起反应的区域。换句话说，如果我们不感兴趣，可以通过身体前倾、更加靠近来激发更大的兴趣。

➤ **身体运动**

我之前说过，研究人员通过在黑暗房间里的人身上放置亮点表明只有在运动模式下才能得出有关此人的年龄、性别和情绪的快速结论。

在对人体亮点的进一步研究中，研究人员想分析从舞蹈动作中得到的印象。

结果表明，用身体上半部运动的女性被认为更性感，而男性则是身体下半部运动时的吸引力被认为更高。

在后续研究中，研究人员让参与者们评估自己的个性。在此之前，他们被要求在摄像机前跳舞。

为了对各种不同类型的运动进行分类，研究人员使用了一种人工智能技术——用足够的信息来区分情绪稳定等特征。在55％的情况下，它能够检测出跳舞的人性格是否外向或具有同情心。

基于这些发现，研究人员开发了一个模型，该模型考虑了我们的沟通、交流发生在多个层次上的事实。

他们强调，这不仅与传递信号有关，还与我们如何传递有关。改变同一身体运动的速度、持续时间等可以完全改变含义。

下一次，当在舞池中再遇到其他人时，我们需要认真考虑一下！

是否有最能传达你个性的舞蹈动作？在跳舞时模仿舞伴的动作，让动作更同步，配合更好，协调性更好？

模仿是建立关系最有力的方法之一。

➤ 步态

我们倾向于只看到某个人，便能在短时间内做出非常准确的判断。

少量的信息就足够了：与某人一起执行任务，观看简短的无声电影剪辑，与某人见面或看某人跳舞十秒。

这称为零相识共识。

行走的情况会怎么样？我们是否能根据走路姿态得出彼此的结论？

前面我们已经知道对人体运动的分析使我们对性别、特征和感觉有所了解。

几个研究人员让实验参与者们看不同的人走路，但他们没有直接看到人们来回走动，因为这发生在黑暗中，走路的人只是衣服上有亮点。研究人员让研究参与者们评估步行者的性格，同时计算这些评估与实际的性格相符的程度。

根据行走方式，参与者可以在很大程度上对对方的人格和特征做出正确的结论。

➤ 态度，行为

在有关情感在政治中的作用《政治大脑》一书中，作者德鲁·韦斯特谈到了外观吸引力。

他写道："选举成功的决定性因素之一是政治候选人的外观吸引力，人们在电视上不经意间瞥见这个政治候选人，所得到的感觉就会塑造一种情感印象。"

这是一种直觉。

在人们发现你是适合在正确的位置上的那个正确的人之前很久，他们就已经做出某种情感上的决定，即他们是否可以信任你，你是否可以成为他们的领导者。

韦斯特发现，除了党派关系外，我们的情感反应（即直觉）是决定我们是否投票给候选人的最重要因素。

也许我们也应该问自己：我们是否有外观吸引力？

当别人瞥见我们或快速打招呼时，会从我们那里得到什么样的感觉？

也许，人们还可以问自己是否具有一些领导人特定的肢体语言？你能否看一下一个人的举止——例如总统候选人或其他一些领导人的举止——与非领导人相比，此人的行为方式是否有所不同？

首先，我想提一下，非语言交流与观察者有很大关系：它在观察者的眼中。考虑到目前为止我们所看到的一切，这听起来可能很奇怪，但是我们肢体语言的影响还取决于其他人如何解读我们的意图（无论我们自己打算如何）。这种解读会影响他们的反应。

权力被定义为"对社会关系中资源的不对称控制"。

这种权力让拥有者可以控制其他个体的结果。

事实证明，担任领导角色会影响思想和控制。我们变得更决断，更愿意承担风险，变得更加忍耐，更加抽象地思考的同时积极性也更高。换句话说，担任管理角色会改变我们的心理。只要想起有权力时的情况，就可以使我们表现得好像处于强者位置，很有威严。

　　权力与等级制度不仅会影响我们心理状态，当涉及权力时，我们的生理状态也会受到影响。开放的身体姿势与领导地位相关联，我们知道动物界的领导也这样做。让身体在相应的位置上坐下并伸展开来，会让人们对权力的感觉和思想随着行动而发生，激素水平也会发生变化。

　　在所谓的职位上，我们很容易感觉到自己更强大，选择承担更多风险，睾丸激素水平上升，皮质醇水平下降。

➤ 魅力

　　我们可以学到无数种获得良好第一印象的方法。

　　我们可以用一种凸显自己的方式打扮自己；可以选择能够增强我们的可信度形象的颜色和服装；可以有意识地选择用词，选择运用我们的手势；可以设计让人印象深刻的名片或网站。

　　但最重要的难道不是我们内心的品质，而不仅仅是外表的光鲜？

　　有时候，想到一个人可以拥有让人喜欢并吸引他人的品质、特征，这是非常让我欢欣雀跃的。你拥有通常被称为吸引力和魅力的东西。问题是：它是什么？ 它是天生的还是可以后天努力得到的？

　　在情境领导中，有时会讨论有魅力的领导者及其特点，其中一个关键因素是成功描绘愿景的能力。

　　一些研究人员甚至认为，领导者和追随者将通过所谓的印象管理共同创造魅力。这种现象描述了我们如何积极控制自己的行为和为他人服务，以期获得他人对我们的满意看法。

维也纳大学的研究人员马尔克斯拉·库彭斯泰因和卡尔拉·格拉门决定尝试对魅力进行描述。

所谓的非语言交流形式的表达行为被证明是使我们认为某些人比其他人更具魅力的因素之一。

富有表现力的手势、流畅的演讲、微笑和目光交流让他人将我们看作是富有魅力的人。说话常常用比喻能够使我们看起来很迷人，而讲话的内容（即我们实际说的）就显得不那么重要了。

以非语言方式交流的人也会在听众中引起强烈而积极的情感，这可以通过测量听众的皮肤电导（这是指皮肤传导电流的能力）增加来证明。电导表明我们的交感神经系统正在起反应。

例如，一些政客的演讲视频可以使我们振奋起来。实验显示出皮肤电导率大大提高，无论我们对有关政客的个人看法如何，都会被政客的超凡魅力吸引。

也许，有人认为研究人员库彭斯泰因和格拉门是让他们的试验参与者看到一些伟大的传奇领袖的电影片段，然后以某种方式将其反应与任何一个没有魅力的人进行比较。

而实际上，他们使用的是一个火柴人。

他们将大量领导者的肢体动作传递给了这个计算机动画的酒吧小伙，该家伙具有与不同领导者相同的运动方式。然后将漫画电影的结果与原始电影进行比较。研究参与者还必须在这里估计火柴人的个性，他会发现差异很小。

情绪激动的信息通过其他方式传达，例如我们的移动方式，它们影响着对魅力和个性的判断。一些领导人只是采用了更具魅力的方法。当然，有许多关于魅力的定义，不仅仅是领导魅力。

定义之一是"每个人的声音、态度、精力和热情"，听起来好像你可以得到自己。

达到这种理想的情绪状态有许多捷径。一种方法是回到我们自己的经验库，回到我们充满活力、热情的情形和场合。我们可以回忆自己曾经有过的坚强、自信、无敌的时候，并在当下恢复这种热情。还有一个方法与其中两种激素有关：一种是睾丸激素，它是一种自信和领导激素；另一种是皮质醇激素，即压力荷尔蒙。

两者都起着关键作用。

从动物界可以看出，与非领袖动物不同，领袖动物的睾丸激素水平更高。同时，就像人类领袖一样，他们的皮质醇水平较低。

如果单个动物突然被迫担任领导角色，则其激素水平会相应调整到领导水平。

领导者具有有利于他的角色的激素特征，可以提供自信、力量和更大的抗压力。

每次出现意外情况时，很难看到真正的领导者会手足无措。不，领导者即使在遭受重创时也能够保持领导能力，做出相应的决策。

如果你现在直直地站起来，双手叉在腰间或高高举起，然后持续两分钟，那么这种身体姿势也会导致荷尔蒙变化。

两分钟后，这种强大的身体姿势会使你的睾丸激素含量增加20％。换句话说，你的坚韧性提高了20％，坚强性也提高了20％，同时，压力荷尔蒙皮质醇降低了25％。因此，通过调整身体姿势，你可以改变激素水平。

相反，如果你蜷缩或蹲下（当你感到不安全、疲倦或悲伤时经常这样做），你的睾丸激素水平会降低，而压力荷尔蒙可能增加。这样做会强化你不好的感觉，这种感觉可能是你根本不想要的。

也许这一天各项事情并非如你所愿——这时你可以尝试挺直胸膛、抬起头，确保身体各部位完全放开，舒展身心。你会发现自己很快就会感觉有所不同。

我经常在参加重要的会见或者会议前使用这种"两分钟策略"，并且也接到了许多人打来电话跟我说这种"力量姿势"是有效的。

当然，我的意思不是说你在参加重要的会见、会议并已经坐在自己的位置上了，然后在这个位置上做这些动作，而是在会议开始之前，你可以找到一个可以独处的地方来操作。

我们可以自己做出决定以某种方式采取身体行动来影响我们的荷尔蒙、情绪和对自己的信念，这绝对是令人惊讶的。

当我们相信自己时，我们浑身会散发出与不相信自己时完全不同的外在形象。

想象我们的身体处于所谓的扩张式姿势：我们站着，双手叉在腰部或举起来。也可以坐下，将腿伸到椅子或桌子上，并且将手臂抱在脑后。

我知道它看起来很自大，所以你不能在会见、会议期间采用这种身体姿势。

但是正如我所说：身体姿势会影响我们的内部身心，只需要短短两分钟。

➤ 情绪感染

当一个宝宝听到其他婴儿伤心的声音时，他自己也会开始哭泣，但是听到他自己在录音中哭泣的声音并不会触发同样的悲伤反应。

同理心，我们多年来一直学习的一种社交能力，似乎是我们与生俱来的东西。

我们的感受是向世界传达自己经历的信号。

能够正确观察并回应他人的感受对我们来说是一项重要的能力。如果我们无法表达清楚自己的情况是感觉平和，还是麻烦或受到威胁，如何去影响他人？

情绪和感受容易互相感染。

当别人微笑时，我们也会变得快乐；当看到其他人处于痛苦中时，我们头脑中的痛苦中心也会做出反应。因此，通过情感、情绪，我们可以从正负两方面来影响他人。

我们很难将这种感觉封闭在自己内部；相反，我们会发出一系列信号来告诉别人自己的感受。

如果感到幸福，我们会以愉悦的方式说话，会拥有愉悦的肢体语言并使用表示愉悦的词语；但如果我们生气了，那其他人也会通过我们的表现感觉到。

所以我们表达给周围的情绪、情感非常重要。你给别人什么情绪，就会得到对等的回报，或者说你怎么对待别人，别人就怎么对待你。

➤ 镜像

影响他人情感的最有效方法之一是利用镜像效应。就是说，我们坐在一起聊天时，很容易模仿彼此的身体姿势、手势和行为。

我也经常模仿别人的方言，自然而然地，而没有刻意去这样做。

当我在演讲中模仿某些发生的现象时，听众们可能会认为这是一种老套的销售伎俩。但你以某种方式模仿客户，客户会容易、愿意从你这里买东西。如果客户盘腿而坐，你也盘腿而坐；如果客户喜欢高尔夫，你也喜欢高尔夫，这会增加客户向你购买商品的机会。

事实是，我们喜欢和我们一样的人：听相同的音乐，为同一支球队加油鼓劲，开同样的玩笑，在同一家俱乐部活动。如果我们有相似的观念，喜欢一样的东西或者热衷于类似的活动，彼此之间就更容易相处。

而对跟我们不同类的人，我们倾向于保持怀疑的态度。

我们人类天生就是社会模仿者。

如果你看到一个六个月大的婴儿伸出舌头，你也尝试将舌头伸向他，那么你会很快收到"警告"。

我们的大脑中有一种叫作镜像神经元的东西，正是它使我们想要相互模仿。

当某人微笑时，我们变得快乐；而当某人处于痛苦中时，我们大脑的疼痛中心也会做出反应。

情绪具有感染力。

因此，即使只是通过讲故事的方式，它也可以变得如此有效，因为它使我们能够体验故事人物的思想、感受和行为，而不仅仅是陈述事实。

演讲前，我通常会找人进行镜像练习。

练习后，比较两个进行了镜像练习的和没有进行镜像练习的，他们之间的差别通常都很明显。

镜像练习过的通常被认为是让人感觉舒适、自然的，这使我们在彼此的角色中感觉特别出色。

当要求参与者不做镜像练习时，经常有人告诉我"我们没什么可谈的"。气氛会变得安静，听众会感觉有些紧张。或者声音会变大，因为参与者感到他们的信息没有能够很好地传达给对方。

当我们彼此做镜像练习时，也能达到互相帮助的目的。

在一个心理实验中，测试负责人坐在不知情的参与者的对面。测试负责人掉了一支笔，如果测试负责人先前已经让测试参与者进行过镜像练习，那么与没有进行过镜像练习的参与者相比，他们更可能愿意提供帮助，捡起掉落的笔。

行进、唱歌、跳舞和击鼓是导致一群人同步行动的例子。

也许是出于合作的考虑，我们用上瑜伽课、参加一些集体活动或唱歌来开始晨会？

参加过镜像练习的人不仅更愿意来参加练习，也变得更友好。我们对每个人都会变得更友好。

这是什么原理呢？好吧，这种镜像练习是我们彼此自然而然地做的事情。

我们天生就是互相的"镜子"。

镜像练习对我们的人际关系有益、健康且富有成效。如果我们感觉平等，我们会更喜欢彼此。

我们互相尊重和互相帮助。

当然，这并不意味着在下一次会议中，你应该刻意模仿别人的姿势。但是，我想鼓励你尝试和你花时间在一起的人进行镜像练习。你也可以尝试不做镜像，不做反思来体验不同之处。

■ 同感

他人对我们的印象可能会受到我们是否有同感的影响。

◎如果我们想从事类似的活动，彼此之间的相处就比我们没有这些统一活动偏好时要多。在心理学中，这称为活动平等。

◎如果我们对事物有相似的看法，那么与没有相似观点的人相比，我们会更加尊重彼此。在心理学中，这称为态度平等。

■ 谈判的时候

你可以使用非语言线索来了解另一方的立场：你们是接近共识还是相距甚远？请尝试观察以下的信号。

对方感兴趣：

◎扩大瞳孔。

◎长时间盯着。

◎点头和目光接触。

◎向前倾的姿势，张开手势。

◎站起来通常比坐下来表现出更多的自信，还可以更好地表达他的目标。

不感兴趣：

◎嘴唇抿着，眉毛降低，下颌肌肉紧张。

◎头部转开。

◎礼貌性地微笑。

◎交叉双腿，或双腿朝着与讲话者相反的方向。

◎身体向后靠，双手抱着脑袋。

通常，如果我们在开始谈判时就拥有坚定、开放的肢体语言，就更容易达成共识。

➤ 员工面试

行政人员对求职者的个性特征有兴趣的话，他就会快速得出结论：求职者在面试中表现出的特征与雇主认为他以后会展示出的特征相同（如果他得到了工作）。雇主最追求的个性特征是什么？雇主绝对不希望见到的个性特征是什么？你知道吗？

答案是肯定的。员工的某些特征比其他特征更可取。

求职面试的三个最可取的特征是：外向、准确和开放，并且总体上是一个有趣、有活力的人。一个具有这些特点的求职者更容易找到工作。雇主还希望看到求职者具有的一些其他特征，比如神经质，情绪上不稳定。

其他研究也发现，细心、准确性和良好的心理能力是最重要的。

求职者如何用自己的肢体语言、容貌、用词来表达，会增加或减少其就业机会。

在一项研究中，无论男女，求职者均被允许通过视频来展示自己。他们在视频中进行了自我介绍，行政人员通过观看视频的方法来感受他们不同程度的行为幅度：从非常被动到中等强度。行政人员的目的是招聘管理人员。行为中等强度的男性和女性都被认为是最积极的，而被动的男人和女人被评为最不积极。

行政人员想同时雇用中等强度的女性和男性，但认为女性的一般资历和经验要优于男性。

■　领导和同事

你是否知道自己的情绪正在感染另一群人？ 特别是如果你是老板时。

我们不断地观察领导，随时关注领导的情绪、情感。

如果领导者持续拥有放松和乐观的态度，那么团队获得成功的可能性就会增加。如果团队乐观而自信，那么反过来又会影响局外人对团队的形象印象。

■　魅力

魅力有时被描述为一种个人吸引力。具有超凡魅力的人，可以给我们带来更大的影响力：

◎如果我们能够成功地描绘和传达愿景。
◎使用富有表情力和明确的手势。

◎保持眼神交流。

◎聊天时表达你的情感。

◎语言流畅。

做到以上，我们就会被认为更具有魅力。

开放的手势、可见的手掌、积极的眼神交流、镜像、点头、头部倾斜和微笑表达出的是热情。很多情况下，我们还需要表达地位、信心、影响力和能力。

通常，我们通过另一种非语言交流来做到这一点：直立的姿势、摆正的头部姿势、占据空间和位置、有目的地运动、坚定地握手以及带有可见手背的手势，比如我们面对大家表示加油的握拳。

这些旨在表达控制力和权力的信号的风险在于，如果行为夸张或时机不对，结果可能会适得其反。

保持头部直立、眼睛平视是一种表达信心的信号，但是如果我们只向后倾斜头部，那就会给人自大的感觉。表达热情也一样。真诚的微笑是我们最有力的热情信号之一，但是我们微笑得太频繁或当我们在传达严肃的信息时微笑，可以想象它的结果有多糟糕。

知道何时需要表达热情和能力是我们可以拥有的最重要的技能之一。

轻扫过客人手臂的女服务员会得到更多小费。对婴儿来说，触摸有决定性的重要作用。对成年人而言，触摸意义同样重大。初次见面问候时，我们会互相握手或拥抱。问候方式会造成不同的看法吗？什么是"好的握手方式"？

　　身体接触大概是我们所知最原始的非语言交流形式，由此产生的催化素会使人与人之间建立信任和情感联系，甚至在世界经济层面上，接触也很重要。

"你好，欢迎光临！"你听到了欢迎的声音，但你却感觉到对方的握手松松垮垮的，一副无所谓的样子。

问题来了：握手会影响你们的关系吗？

商务专家似乎总是强调良好握手的重要性。我们一再听到这一点，耳熟能详。但是，什么是"良好的握手"？在我们与他人的会见中，握手有多重要？

爱荷华大学的研究人员选择对此进行调查。

通过握手，我们能得出对人的不同印象吗？又是什么方式呢？一组行政人员被选择来进行评估。

握手有力的人被认为具有更多的就业能力，并且被认为是具有更强大的社交能力和外向的人；一个给人感觉握手松松垮垮的求职者被判定为缺乏就业能力，不够外向。因此，请确保你握手良好。一个给人印象良好的握手可以帮助你打开成功之门，反之则不然。

你可以与朋友或家人一起练习并要求他们提供反馈。但是，为什么握手如此重要呢？

➤ 催产素

身体接触可能是我们所知道的非语言交流的最原始的形式。事实上，接受按摩的早产婴儿比未接受按摩的婴儿成长更快，体重增加更快。

一个充满有力的、温暖的、友好的和鼓励的拥抱可以影响我们终生。

神经科学家保罗·扎克解释说，触摸使大脑分泌催产素，这是个对我们来说可能比我们想象和认识到的重要得多的激素。

催产素可以缓解疼痛，加速创伤和伤口的愈合，降低血压和压力激素水平。让我们变得更加平静，对周围环境友好和充满好奇。让我们感觉更好。

长期以来，催产素被认为是一种只和女性相关的激素，因为它的使用是首次用于孕妇的，有助于在孩子出生的时候加速分娩，生产母乳并在母子之间建立情感纽带。

如今，研究人员发现，无论是对于男人还是女人，这种激素所起的作用远不止于此。

近年来，科学家已经注意到催产素对减轻不安、焦虑、压力和抑郁的作用，而且效果不是暂时的，会持续一段时间。

长期以来，科学研究一直对急性应激反应（战逃反应）感兴趣。

众所周知，它可以激活压力荷尔蒙，提高心率和血压，释放能量并将血液从人体内部器官输送到肌肉中。一切为了我们战斗或逃避。

这就是我们应对威胁的方式。

迄今为止，人体更细微的平静与安宁系统一直没有得到更多的科学研究，但这对我们的生存同样重要，而且它会令人上瘾。所以人不能太过于安逸。

这个系统会让我们的身体冷静下来，如此我们才会感到安全和放松。

没有身体上的亲密接触，我们也无法康复。身体无法吸收营养，伤口无法愈合。

研究催产素作用的医师克里斯汀·姆贝利说，成年人可以在没有人类接近的情况下幸存——但几乎无法生存。换句话说，这些反应与压力相反。

触觉对我们产生了巨大的影响，以致影响到中枢神经系统的结构。不同激素和神经递质的平衡正在改变。对于成年人来说，这些变化是暂时的，对儿童则可能影响终身。

克里斯汀·姆贝利说，如果你得到更多的触摸，那么你的神经系统就会更加平静。你也会变得抗压能力更强，比其他人更友好。

这是我们直觉上期望拥有的。但是，了解生理基础很重要，因为它提供了可能影响作用的机会。

为了激活安静和安全系统，只需要轻微唤醒皮肤的触觉感受器即可；而强硬的触碰反而会激活疼痛感受器，从而触发战逃系统。换句话说，我们感到压力很大。

激活催产素的另一种方式是热情、饱满以及性感或互动。如果你保持冷静，它也会影响你附近的人。

实验表明，如果老鼠被注入催产素，他的同伴也会变得更加镇定——它可以通过空气传播并被嗅觉感受后吸收。

有些人会因为一些优美的音乐或景色而变得镇定，这表明催产素是通过其他感觉激活的。

另外，催产素缓解疼痛的作用出现在几个层面上。

催产素向大脑发送信号，以便它以不同的方式解释疼痛，并且我们不会变得如此敏感以致疼痛阈值升高。

➤ 从权力到行动

许多实验表明，权力和影响力的感觉使我们更容易且有目的地采取行动，即使在一种只微妙地体验到权力感觉的情况下。

观察肢体语言的四个小技巧：

1. 细心

很多时候，我们由于没有给予足够的关注而错过了有价值的信息。

2. 确定基本情况

• 人通常如何行动？一般情况下，我们几分钟之内就能了解清楚一个人在中立的环境或轻松的情况下的举止。

• 这个人活泼吗？此人面部表情是丰富还是一副"扑克脸"？

• 对方是否和你进行过眼神交流？

• 这个人喜欢微笑吗？

• 这个人会使用很多手势吗？哪些手势最常见？

• 什么样的动作看起来很典型？直立、后倾、前倾、抱臂、耸肩？

• 如果你确定此人的日常行为，就可以更轻松地推断出偏差。

3. 联系当时手势前后情况而不是孤立地评估手势

我们最常犯的错误之一是根据单个手势产生丰富的联想。

可以将其与尝试从一个单词辨别整个故事相提并论（以偏概

全）。故事用整句讲述，就像我们用多种手势的非言语表达自己一样。

因此，我们应该考虑一组强化共同信息的动作、态度和行为。

4. 考虑语境

某些非语言行为可能一次只意味着一件事，而下次又意味着另一件事。这完全取决于当时前后的情况。

一个常见的例子是"双臂交叉"（抱臂），这可能意味着我们创建了这个"手臂障碍"，因为我们不喜欢另一个人，也可能意味着房间很冷。

▶ 催产素和关系

催产素还可建立人与人之间的信任和情感纽带。

在一项研究中，研究者研究了催产素在金钱交换中的作用。

研究中的一组参与者接受了一刻钟的按摩，另一组没有得到按摩就休息了。两者相比，接受按摩的组分泌了更多的催产素，并向他们信任的陌生人提供了两倍半多的钱。

研究表明，我们的大脑在不知不觉中使用催产素来确定一个人是否值得信赖。我们将对过去互动的记忆与对有关见面的印象结合在一起。

如果根据我们的经验库，这个陌生人似乎符合我们"可靠的个人"的形象，那么催产素就会被分泌出来。而且，多巴胺被分泌到大脑的奖励系统中。幸福感与我们信任的人有关。

➤ 不同类型的接触关系

接触关系是相互信任的重要组成部分。

最佳握手应该是整个手牢牢握住，保持眼神接触，握紧双手，上下运动。

在大多数业务环境中，会发生两次握手：一次是在会见开始时，一次是在会见结束时。

有时，当我们指引房间或者沿途领路的时候会发生其他类型的接触关系，但是，对于与纯握手无关的所有操作，我们都应该稍加小心。

它可能会被误解和认为太难以捉摸，因为我们侵越了他人的个人空间。

空间关系学认为我们希望拥有自己的区域。

这是我自己的领土，我自己的心理和身体的表面，如果被侵越，我会感到不适。

通过研究在谈话时彼此之间的亲密程度，人们经常可以得出关于这种亲密关系以及他们的文化环境结论。

我们彼此之间的距离受这两个因素的影响。最放松的是我们和亲密的朋友、孩子和家人在一起的时候。这是我们最亲密的区域。我们为朋友和同事提供了另一个扩展区域；我们有第三个区域供陌生人和新认识的人使用，第四个区域是为较大的公共场所和更多的人保留的。

因此，除非我们彼此靠近，否则与他人接触总是不合适的。但是我们知道，亲密接触会对人际关系和我们的行为产生积极影响，而且不一定总是与我们最亲密的人有关。

催产素使我们产生了一个良好的循环：它使我们更少恐惧，更愿意寻求联系；而社交接触会释放出更多的催产素，并使我们更加友好。

神经学家保罗·扎克也曾证明，即使在全球经济水平上，接触似乎也很重要。缺乏亲密感可能会导致贫困，因为人们彼此之间的信任会影响不同国家的经济增长。

他说，接触关系创造了信任，在人们相互信任的社会中，获得了良好的经济发展。

因此，轻拍对方的肩膀或稍加按摩可能是一笔良好的投资。触摸可以是握手、拥抱、举手击掌[1]或与某人跳舞等自愿接触，此外还有非自愿接触，比如我们可能被迫进入狭窄的电梯或拥挤的地铁中。如果我们查看不同类型的触摸，则会发现它们各自都有自己的特征，可以从中得出结论。

➤ 握手

根据2003年的一项研究表明，良好的握手应"牢固、温暖、干燥"。此外，研究还表明，我们可以根据握手来感知他人的性格。

他们所做的是检查握手时的以下特点：

1　译者注：手掌相对，手指分开，互相击打的一个动作。外国人常这样做，以表示祝贺或者鼓励。

- 握持力

- 温度

- 干燥程度

- 强度

- 持续时间

- 力量大小

- 感觉双方之间的表面 / 结构

- 目光接触

评估者的任务是确定参与者是否具有以下的性格特征：

- 公开自己的经验

- 有良心

- 个性外向

- 有同情心

- 情绪稳定

- 害羞

- 情感表达能力

握手有力的人被认为是外向的，并且具有情感表达能力。他们也被认为是情绪稳定的，并不是特别害羞。此外，握手有力的人被认为更愿意公开他们的经验。

那么，握手有力会让我们从人群中脱颖而出吗？是的，握手有力会让第一印象变得更加积极；握手无力则会给人留下更多的负面印象。

良好的握手触感是有力、温暖和干燥的；不好的握手触感是柔软、寒冷和潮湿的。

➤ 拥抱

什么时候可以拥抱某人？如果互相拥抱，我们对彼此会有不同的看法吗？

首先，我们对不同类型的问候有不同的感受。总体而言，女性比男性对触摸关系更容易感觉舒服。

我们对触摸的舒适程度还与我们对生活、对自己和对童年的满意程度，以及是否能够以一种社会认可的方式展现自己有关。这还取决于我们是否有以主动而非被动的方式来解决问题的能力。

➤ 牵手

当与身边的人在一起时，我们的大脑处于静止状态。与亲密的人在一起意味着大脑的消耗更少。

从某种程度上讲，共同生活向我们的大脑发出了可以恢复静止的信号，这是多年来我们与他人之间所花时间最多的一种节能方式，与人之间的关系越紧密，能量消耗就越少。

这种解释性模型基于这样一个事实，即我们与他人一起工作，而不必独自承担责任。这对我们来说是舒缓和放心的。

牵手可以帮助我们体验这种平静，甚至以其他方式与他人互动和建立关系也能使我们保持冷静。

➤ 触摸

在普渡大学进行的一项实验中，一个女性图书管理员负责检查学生在图书馆所读的内容。此外，她在研究进行到一半时增加了一项任务：在尽可能不引人注意的情况下悄悄地触摸读者。比如，在读者登记、出示，或者退还借书卡的时候，这个女管理员可以悄悄地触摸读者的手。之后，要求读者填写他们在图书馆的体验评估。读者还被问到图书馆管理员是否微笑或者触摸了客人。

有趣的是，图书馆管理员微笑了，也触碰了读者。但是，读者并没有说被她触碰过。

他们根本没有记住或意识到被人触碰到。但是根据研究结果，被触碰过的读者更喜欢去图书馆，总体感觉也更好。

研究触摸的其他研究也显示了触摸的积极作用。

碰触餐厅客人的女服务员获得了更多小费。

接触似乎在更无意识的水平上影响了我们——我们并不总是知道它发生了，却感觉好多了。

Chapter **8** 这些都写在脸上

是敌是友？事关生存时，这是我们首先要回答的问题。我们之所以能很快发现一个人是否聪明，是因为我们总想知道对方不管好坏，是否能心想事成。面部表情丰富的人更讨人喜欢，更善于沟通，更容易给周围的人留下好印象。在与他人的交往中，脸发挥了很大作用。看一个人的脸，我们会"读"出很多细节：性别、年龄、种族、性情和情绪。在一群人当中，愤怒的表情更容易吸引我们的目光。

这一章将描述微观表情、宏观表情、微笑，以及在社交场合应该何时表达情感。你还能知道，哪些非语言信号表示对方在说谎。

法国作家弗朗索瓦·德·拉罗什富科说："激情是唯一始终都在进行说服工作的鼓动家。"

脸在我们与他人会见中起着至关重要的作用。从脸上看，我们可以观察到许多有关人的细节：性别、年龄、种族、情绪和情感。在更大的人群中，我们的眼睛最容易被愤怒的表情所吸引。

通常，情绪主要通过我们的脸部传达，具有表达模仿感的人被认为是更加积极和具有非语言表达能力的。他们更受欢迎，也是更有效的沟通者，会给外界留下更好的印象。

情感传达的重要性一直吸引着我们。例如，亚里士多德曾在《尼科马甘伦理学》中写道："那些对我们应该生气的事情不生气的人是愚蠢的。那些没有用正确的方法在正确的时间和正确的人面前生气的人也是愚蠢的。好像他们感受不到自己被不公正对待。永远不会生气的人无法站直，忍受对自己的不道德行为或忍受自己的朋友遭受不道德行为，被视为卑鄙的侮辱……"

150年前，查尔斯·达尔文写了他关于面部表情的伟大著作《人和动物的感情表达》。

我们根据他人的表达方式感知他人的感受，并根据他人的性格得出结论。

在最近的研究中，重点一直放在研究对象怎么观察他人的人格特征。情绪、性别、文化和精神如何影响情感表达时的活动状态？

毕竟，接受者将自己的压力、重负、偏见、恐惧和期望带入了解释中。

刻板印象是，人们期望女性比男性更具情感表达能力，并且假设来自北部地区的人与南部地区的人相比，表情显得更单调。

事实是这样，喜悦和悲伤的面部表情，更容易在女性的脸上看到和感受到，也比男人更强烈；另一方面，与女性相比，男性的愤怒表达得更强烈，也更容易被接受。

这些面孔具有特殊的张力，对我们来说非常有趣，以至于即使在实际上它们不存在的地方，我们也愿意联想到、看到它们。

我们喜欢看到由眼睛、鼻子和嘴巴组成的面孔，也愿意看到以云彩、树木和石头之类的形式出现，甚至盘子上的肉丸、土豆和蔬菜也可以为我们形成面孔。

快速识别面部表情和压力的能力也更有利于我们的发展。 在更大的人群中，我们的注意力会自动被吸引到看起来有威胁性的脸上。即使实验中的研究人员向测试对象展示了不同面部表情的人的照片，我们的眼睛也会被最生气的表情所吸引。 我将再次回到这一点，在几千年中，我们受益于能够迅速解除威胁和危险。

➤ 博学的或先天的

一个问题可以很容易地问到：在不同文化的人之间，我们的面部表情是否相同，或者它们是否因出生地而异？查尔斯·达尔文在他的《人和动物的感情表达》一书中写道："人的面部表情是普遍的。"一些研究者对此表示反对。

研究员大卫·马兹木托对17名奥运会和残奥会体育明星进行了研究以调查此事。他使用了2004年奥运会和残奥会的成千上万张照片，并比较了有视力正常者和天生盲人的大量面部表情。

可以看到的是，无论是胜利还是失败，正常人和盲人都表现出相似的面部表情，并且它们都具有改变面部表情的能力。我们可以根据情况来影响和改变自己的表达方式，这不是后天学会的。面部表情具有通用的特征，但是某些表情又具有文化差异。

■　普遍的面部表情

普遍的面部表情有七个：
◎欢乐
◎恐惧
◎愤怒
◎厌恶
◎痛苦
◎惊奇
◎鄙视

普遍意味着，在世界各地，我们都能见到这些面部表情。能够正确理解面部表情意味着，我们可以在他人在场的情况下富有成效地采取社交对策。

■　真实和虚假的笑容

面部动作编码系统（FACS）是一项为读取面部表情而开发的技术，由研究员保罗·埃克曼创立，他被认为是当今存在的面部表情研究的始祖。

据说FACS可以覆盖7000种面部表情，其中包括42种已识别的脸部肌肉。这些表情实际上可能涵盖了我们人类所有能被外界捕获的不同的情感、想法。仅在不同的笑容方面，该程序已注册了19个不同的表达方式。

FACS技术已被用于制作动画电影《玩具总动员》（*Toy Story*）和《怪物史瑞克》（*Shrek*）中角色的逼真模仿。

根据保罗·埃克曼的说法，我们无法有意识地控制所有脸部肌肉，这意味着我们的面部表情可以成为一种活泼的测谎仪。

通过详细研究哪块肌肉组织会产生微笑，FACS可以确定微笑是真实的还是虚假的。

例如，真实的微笑包括随意控制眼球肌肉眼轮匝肌。

当某人表示同意时，他会在你讲话时微笑并点头。如果这个人不同意你的话，他通常会以抿着嘴唇、皱眉头和下巴肌肉紧张的形式出现。此人的头部可能也会略微偏斜，因此眼神接触也会稍微向侧面偏离。

眉毛收缩通常意味着"危险"，而扬起的眉毛则表示友善，略微向下倾斜的狭窄嘴巴则发出威胁的信号。

无论我们对模仿的意识如何，我们都会向有意识或无意识的人发出关于我们知道和思考的信号。一些模仿比其他模仿更重要，一些面部表情比其他面部表情更能伤害你的人际关系。

你是否拥有开放的表情，它会激发自信、对话和友谊，轻松的面孔比紧张的表情更容易让人觉得你很强大；直接的眼神交流意味着我们被认为更可信；如果我们点头，就会感到我们更温暖，如果我们也微笑起来会更有效率。

总的来说，积极向上和表达能力强的人比不那么会表达的人看起来更积极。但是，当我们成为胜利者时，我们会尽力抑制自己的积极情绪。

因为谦虚、无表情的获胜者会给人留下最好的印象。

人们最有兴趣与似乎想保护失败者感情的人成为朋友。

➤ 微表情

有时，别人会说虚假的话。

我们暴露的某些谎言可能是彻头彻尾的无辜"是的，你穿着那件夹克真的很好"，而其他谎言可能意味着我们被严重地带到了光明背后。

但是，有一些工具可以揭示谎言并更接近真相。

我们需要关注的身体部位是脸。

七种基本的面部表情是最常见的：愤怒、恐惧、悲伤、厌恶、轻蔑、惊奇和喜悦。

还有面部的微表情——与"常规"面部表情不同，微表情是一种非常短暂的毫秒级卡片，是非自愿的面部表情。

通常，它们会发生在各种高风险情况下，在这些情况下将预示着很多事要成功或失败。但用肉眼很难看到它们；它们发生在二十五分之一秒内，很难被检测到；它们也很难被伪造。

围绕微表情和科学成为电视连续剧《别对我说谎》的主题。

在该系列中，他们倾向于保罗拉·艾克曼的关于这些闪电般快速表达的发现：哪些微表情意味着撒谎？

微表情经常在我们最不希望它们出现时出现——当我们有意识或无意识地试图隐藏某种感觉时。

首先描述微表情的几个研究人员称它们为微瞬时表达。

他们通过一个小时接一个小时地录制视频心理治疗会议来完成研究，其目的是绘制治疗师与患者之间发生的非语言交流。

他们解释了由于生硬地挤出而产生的微观表达：当我们显示微表达时，我们因此不被假定意识到我们知道的。

我们不考虑微表情背后的感情。

他们觉得我们的脸没有过滤却表现出真实的感觉，却没有意识到这种感觉。

研究人员还认为，如果没有记录设备，我们将无法实时观察这些稍纵即逝的面部表情。

后来，通过培训，已经了解了所知道的一切，可以学习辨别微表情。

今天，已经有观点知道为什么微表情会进一步扩大：当一个人对自己隐瞒自己的感情（苦恼）时，或者当一个人有意识地试图向他人隐瞒自己的感情时，就会出现微表情。

像普通的面部表情一样，微表情也会影响其他人对我们的看法。

我遇到了一位前同事，他向我讲述了他的生活、生意、家人和旅行计划。我也跟他说了我的情况，还提到了一个已经非常成功地开始并且朝着特别有利的方向发展的项目。

"多好啊！我为你感到高兴！"他说，而脸上的表情却完全不同。

微表情可以显示嫉妒、猜疑等等。

■ 面部表情

◎宏表情：正常的面部表情，持续约半秒至四秒。宏表情经常反映出我们所说的话和怎么说话。

◎微表情：短而隐蔽的表情，持续时间仅为40毫秒至200毫秒，通常反映出一种有意识或无意识的要隐藏的感情。

面部表情可以控制也可以不受控制。有些人比其他人具有更高的控制自己的表情，甚至是微表情的能力。

◎错误的表情：有意识地选择来模拟现实中我们不知道的感觉。

◎假面具的表情：用于覆盖真正的宏表情或微表情的错误表情。

◎模拟表情：创建的微表情不带有真实的感觉。

◎中和表情：用于掩藏真实的表情，不可观察。

二十世纪六十年代，一位研究人员逐帧分析了一个4.5秒长的电影剪辑片段，每一帧图像都代表一个1/25秒的瞬间。然后，他发现了所谓的微动作或微节奏。例如，当一个人触摸他的肩膀时，另一个同伴也抬起了他的手。

心理学家约翰·戈特曼后来也做了视频，展示了夫妻之间的互动方式。

通过分析面部表情，他能够找到面部表情之间的联系，以及哪些关系将会保持，哪些关系将不会保持。

➤ 谎言

现在的想法是不要将自己变成可疑的测谎仪，因为被怀疑对我们没有任何好处。信任他人的人更善于发现对方的谎言。

因此，信任和开诚布公是最好的。因为多疑的人不容易发现别人的谎言。但是，是否有具体的线索表明有人在撒谎？不，没有单一而具体的线索。但是，有许多方面可以参考，以下包含了其中的四个方面。

一、基本情况

就像其他肢体语言一样，一个人需要确定另一个人的基本情况。

一个人说真话的时候，他的声调、眼神、行动和表情是怎么样的？人们之间的关系怎么样？他们是否有紧张的手势、频繁眨眼，其他的面部表情怎么样？尽管有些时候明显偏离了基本情况，也不能确定就是虚假的问题。

我们可以注意到每次有人偏离正常情况时，并将其视为危险信号——"红旗"，这是我们应注意的事项。

二、组合信息

没有一种单独的或者分离的面部表情或手势表明，有人在向我们撒谎。但是，人们可以找到一组信息来判断并确认。例如，该人准备不足，情绪表达不支持所说的话。有时，这被称为谎言泄漏或谎言线索。

是否可以通过微表情识别隐藏的感情？根据大卫拉·松本的说法，微表情并不意味着此人在撒谎，而只是说"比故事讲的还多"。

三、声音

这个人的声音听起来怎么样？声音是否清晰有效或处于基准

位置？这个人会笑吗？听起来如何？他的咳嗽、哼哼、遣词用字或其他声音呢？

四、问题

现在，我们可以检查这个人在正常情况下（即此人说出真相时）的行为、声音和外观，然后提出更多问题，挖掘得更深一点儿。

这可能是面试中比较棘手的问题，也许是一些对我们约会对象更重要的问题，或者是父母对孩子的关键问题。

开放性的问题比简单地回答"是/否"的问题包含了更多实质性的东西。

我们中的某些人比其他人更善于发现别人说谎。

研究表明，在2万人中，只有50个人即0.25%的人属于这一类别。

这些人在保罗拉·艾克曼和欧拉·苏利文的研究中被称为"真相奇才"。他们"在发现微表情方面具有几乎完美的能力"，可以以超过80%的准确率来揭露说谎者。

加州大学的研究人员发现，这些人中有20%～30%的人因酒精、毒品滥用，或者被虐待而在身体上及精神上都受到创伤。

其中一些人在童年时曾遭到性侵，或以其他方式受到不友善的养育、教育。

这项研究背后的研究人员认为，拥有观察能力对这些孩子比对其他孩子来说更重要。这些儿童的安全甚至生命安全可能取决于这样一个事实，即在不安全的环境中，他们可以更好地了解其他人。

➤ 为什么微表情意义这么大

你时不时会听到"眼睛是心灵的窗户"，也许我们应该改成"微表情是灵魂的镜子"，因为微表情传达真相。

观察微表情有助于我们正确观察他人的情感状态并与他人建立联系。

普通表情、宏表情可能无法正确表达我们想知道的信息。

当我们试图掩盖他人的感受时，他们常常会"泄漏"信息。

当我们学会截断快速而短暂的表情时，我们同时变得对他人的感受更加敏感。我们开始理解何时有人试图隐藏某种感觉，或者什么时候人们没有意识到某种感觉。我们开始看到别人的真实感受。我们能够更好地理解它们，并且我们与他人的联系也得到了加深。

一项研究显示，医师从快速曝光的不同面部表情图像中识别情绪的能力与其移情能力有关。

当我们正确地解释彼此的表达时，我们会更好地理解彼此。随着我们了解的增加，喜欢也随之增加。我们给人留下更好的印象，这种更好的印象为建立良好关系提供了可能性。

模仿面部表情可以使我们感受到这种感觉，即使我们一开始没有感觉到。

就像微笑时一样，我们会感受到幸福。我们可以通过表达其他情绪来感受它们。

能够将一种感觉与面部表情联系起来，有助于我们意识到自己的感受以及触发它们的原因。

➤ 笑容

笑容很常见。

我们经常以同样的方式微笑：无论我们出生于何处、生活在哪个洲或年龄大小。

微笑的人，我们将他视为更聪明、更可信，与没有微笑相比，他们变得更受欢迎。

简而言之，微笑是要让对方的爬行动物脑产生积极反应，或者至少要避免产生负面的反应。

一位声称很高兴见到你的同事一直面带微笑，但是你觉得她的微笑有些不真实。是的，微笑可以作为一种礼貌的表示来掩饰我们的其他情感。假笑并不像真正的笑容那样涉及所有的面部肌肉。真正的微笑还涉及眼睛和眼睛周围的肌肉，会导致皱纹的形成，并且整个脸部都会放出光彩。如果我们不是真正的幸福，就很难营造出真正的微笑。

但是，即使是真正的微笑，也不适合所有情况。

当然，对我们有目光接触的人微笑是一件好事。同样这也可能会被误解：我们随意对人微笑，可能会让人认为我们对他们很感兴趣。如果我们从一开始就让人感受到喜悦和开心，那会更好。甚至在有眼神交流之前就感到对方已表达出愉悦，那么微笑就不会让人感觉突兀。

你可能正在与一个告诉你有趣事情的朋友聊天，你微笑着，并且同时与你想改善关系的人进行眼神交流。通过眼神交流，你可以很高兴地邀请新朋友加入你们的对话。

➤ 反馈机制

你知道吗？当微笑时，你也会更快乐。

你可能听说过这项研究，在该研究中，你用牙齿咬着一支笔，以使嘴巴被压成类似微笑的样子。这称为面部反馈。

这种效果如此强大，以至于当我们以一种生硬的方式引起微笑时，面部表情的反馈会影响我们的感觉。

在一个研究项目中，通过用嘴巴咬着笔阻止或鼓励参与者微笑。那些把笔放在牙齿间，被"强行"微笑的人，比那些把笔放在嘴唇之间因而无法微笑的人公认为所一起观看的动画片更有趣。

在加利福尼亚大学医学院的另一项研究中，发现仅通过将面部肌肉向恐惧、愤怒、厌恶、悲伤和欢乐的方向移动，我们的自主神经系统的反应（心率、血压、皮肤温度）也会向该方向移动。

对各自的情绪状态控制就像通过力量姿势在身体上占据广阔的位置，从而变得更有勇气、更自信和压力更少一样，我们可以微笑而更加快乐。也不只是面部表情或身体姿势会影响植物神经系统和情绪的"内向"。荷兰拉德布德大学的一项研究表明，退后一步，是增强认知控制的有效方法。因此，当人们面对艰难的局势并（从表面上）退后一步时，他们得到了更多处理这种局势的机会。

➤ 眼睛

你刚刚为一个工作中的人作了演示，现在为此人提供了两个选择。

你已经在两张A4纸上打印了选项，以便使其清晰可见。

他通读了两篇论文，但你注意到他的目光停留在另一种选择上的时间更长。你还注意到，当他查看该特定选项时，他的眼睛和瞳孔看起来更大。他什么也没说，但是你已经知道哪个选项最有趣。

通常，人们倾向于越来越关注有趣的人和物体。

大约三秒的眼神交流通常会让我们感到舒适。长时间不间断的眼神交流很容易使我们感到不适。另一方面，如果我们喜欢或同意某人，我们会本能地增加看他眼睛的时间。

眼睛以几种方式说话，它经常显示出在某种情况下我们是紧张的还是舒适的。

波士顿学院的研究人员乔拉·特切斯还表明，眨眼的频率可以指示一个人是否紧张、压力大或说假话。

特切斯还声称，自1980年以来在选举辩论中眨眼频率最高的总统候选人就是输了的人。

尽管这很有趣，但仅专注于非语言交流的一个渠道显然有些困难。正如我们已经指出的，所有非语言交流都需要放在具体前后所传达的信息中。

婴儿很早就知道眼神交流很重要，他们喜欢看那些也看他们的面孔。甚至在神经方面，婴儿也会对直接的眼神接触做出反应。这也适用于我们自己的孩子，他们想被关注。我们的同事、朋友、父母——他们都希望被我们关注到。

眼神交流在我们所有的关系中占有重要地位，起到了很多作用。眼神交流调节对话的顺序"现在我告诉你，你听，然后你说话，我听"。

　　用我们的眼睛可以传达温暖，并表明我们感兴趣。一种眼神交流可能是妖艳的，另一种可能是冷酷的、诱人的或疏远的。

　　眼神交流的缺乏可以被看作是自大、不诚实，地球上各不相同的地方、不同文化之间眼神交流的社会规则不尽相同。在某些文化中，眼神交流被视为竞争信号；而在另一些文化中，男女之间的眼神交流被认为是不合适的。在某些地方，以领导者的眼光看待别人是不尊重人的。在西方文化中，不看别人的眼睛是不公平的，甚至是不诚实的："你有东西要隐藏吗？"

　　研究领导者时，研究人员表明，具有超凡魅力的领导者会与他人花费更多的时间来跟别人进行眼神交流。通常，我们都会倾向于避免与让我们感到有压力、不安或者让我们不愉快的人有眼神交流。我们会感到无聊或躁动不安，通常会避免目光接触：看向一旁，注意力不集中，低头或眨眼，甚至闭上了眼睛。

　　如果不感兴趣，你的瞳孔会逐渐变小。如果这在谈判中发生，那么我们可以得出结论，对方看到或听到了令人担忧的事情。

■ 在眼睛里

　　瞳孔大小是我们所知道的重要线索。瞳孔是我们无法用意志力控制的身体部位之一。它因各种原因而扩大：兴奋、享受、吸引力，扩大的程度还取决于我们当时的记忆负荷、认知努力以及对摆在我们面前的人或物的积极程度。

◎在我们识别他人面孔的能力中，杏仁核起着重要作用。当我们聚焦于照片上的脸部时，杏仁核的活动会增加。杏仁核是恐惧和负面情绪的中心。有些面孔在我们的杏仁核反应中是一种威胁信号。

◎当与老朋友偶遇时，我们的眉毛会在大约五分之一秒内迅速抬起。这在英语中被称为"眉毛闪烁"，是一种广泛且高度自动化的社交信号：我们相互认识并为接触做好准备。通常，我们以相同的方式用眉毛做出反应，这种反应需要从具体前后所传达信息进行解释，因为它也可能源于恐惧或惊奇。

➤ 情感表达

你被要求对数百人发表演讲。你认为这应该会顺利进行，因为这是你经常做的事！

演讲进行得很顺利，然而，你对自己却感到非常失望，因为你一时会变得如此受情感影响，以至于无法完全控制自己：声音颤抖，流下眼泪。

通常情况下，这种事实和被动的经历会让你感觉非常害羞和不专业。这种情感表达与工作无关，你不应该让自己为此感到烦恼。

演讲结束后，你受到了热烈的欢迎。成群的听众走向你并表示感谢和赞赏。

在你的整个职业生涯中，你从来没有得到这么热烈的响应。

当众表露情感或者哭泣令人尴尬吗？不，当然不会。

我们都在经历情感，并且都要表达相关情感。当然，有些人可能会遇到一些难以处理的情况，比如当他与悲伤的人在一起的时候。我们会受到他人情感表达的影响。例如，研究人员发现，表现出情感和哭泣的受害者比没有表现出的受害者更可信。所以即使你在演讲中暂时失去对情感的控制，也是可以理解的。

➤ 面部解读

我八岁的大女儿前一天说："一年过得很慢、很长。"我心里想：真的是这样吗？

对成年人来说，一切都太快了！

仔细想想你所经历过的岁月，它看起来会更奇怪。时间可以把悲伤变成美好的回忆。

它改变了我们看待事物的方式，也可以改变我们的个性和身体。

时间只是在滴答滴答地流逝，不会受到任何影响！你对时间流逝的感觉是无情还是美好，完全取决于自己在生活中所处的位置。

所以，我们可以影响的是生活的内容。这不也是我们关系中最重要的内容吗？

在所有关系中，尤其是对我们重要的关系中，脸都起着重要作用。当互相交谈时，我们看对方的面孔比身体的任何其他部分都多。

脸是我们情感生活中最重要的表情地图。因此，如果我们想建立相互信任的积极关系，就需要能够观察到那些与我们在一起的人的情感表达。

　　我们需要看着他们的眼睛，看看他们的反应，并给予他们充分的关注。

　　让人感觉被聆听并不需要花费很多精力，但是我们需要控制表达的内容。细节决定一切。几个皱眉毛的动作可以解释为你不喜欢面前的人。几乎看不见的微表情，比如你的脸迅速变红，很可能是使你们的关系永不继续发展的原因。但是张大的眼睛、舒展的眉毛和真实的微笑使任何人都感到身心愉悦。

　　知识可能是我们随身携带的最重要的东西，它可以创造我们大多数人都渴望的生活内容——良好的人际关系。

Chapter **9** 声音也是个人品牌

只需简单地说一声"你好"，别人就会对你产生印象。一听声音，我们就能判断对方是不是可靠、干练或热情。

　　我们说什么是一回事，怎么说是另一回事。有魅力的领导者会以一种独特的方式说话；一口方言的人被认为学识不多，但比那些说普通话的人更热情。人们会认为，声音有魅力的人更招人喜欢、更成功、更强大、更有社交能力。

　　有时候，一句话这么说会终结关系，那么说则会加固联系。在本章中，你会了解到如果想给人留下好印象，用哪种声音最好；如果想彰显力量，又用哪种声音最好；哪种声音的特征是美国总统大选赢家的共同特征；为了成为一名更好的演讲者，你需要考虑哪六件事。

一个简短的"你好"足以让其他人形成对你的印象。

在一项有320个人参与的研究中，大家在仅几毫秒内互相问候。

他们在二维语音图上发出问候的声音，其中一个维度测量的是可靠性（温暖度），而另一个则是衡量优势。

那些被评价为问候很到位的声音非常集中且高度一致。被高度评价兼具热情和力量的男性声音很受欢迎，然而，当谈到女性声音时，却只需要热情。

瑞典作家简拉·菲利普斯拉·马丁逊写道："你可以成为自己灵魂上和内心中最热情、最善良的人。但是如果你说话语气短促、粗暴，人们会首先感受并考虑这一点。"

电话响了，你的伴侣接听了。只需要听到他讲话的声音，你就能大概猜到电话那一头是谁。

就像我们会对对方的肢体动作和手势进行反思一样，在和谈话对象对话后，我们也会进行反思。对方说话是慢还是快？大声还是小声？低沉还是明快？单调还是富有旋律？

通常，在收音机或电话上听到几秒语音就可以让我们建立起对对方的印象。我们会得出有关性别、年龄、受教育程度以及该人来自何地的结论。我们还可以看出这个人是自信还是不自信，是畏畏缩缩还是勇往直前，喜欢交际还是不喜欢交际，开心还是不开心，有没有野心等等。

众所周知，创建第一印象所需的时间少于100毫秒。

行为的细节也适用于此。

我们的声音几乎就像是手指有指纹一样，有声纹。每个人的声纹也是独一无二的。

➤ 声音

声音是我们听觉接收到的音频信号，我们说话、唱歌、欢笑、哭泣或尖叫时会发出音频信号。它主要由两部分——声带的振动以及音频的调制所产生，我们可以在很大程度上对其进行影响。发出声音还需要其他器官的参与：肺、声带和共鸣腔。

肺部产生足够的空气和压力，使声带振动。当声带振动时，就产生了声音。声音由规则的振动组成，振动，具体取决于是男性、女性还是儿童发出。

我们可以说得快一点儿或者慢一点儿，吐字清晰或者口齿不清；我们可以选择性用词，使用方言、俗语、俚语或者更正式的书面语；我们可以低声说话或发出嘀咕声。

我们可以通过增加或减少来自肺部的空气输出量来改变声音的音量。根据要表达的意思，我们可以更改音阶来让声音听起来更明快或者更低沉。我们经常这样做，例如我们要区分疑问句和陈述句，为了强调或突出某些东西，或者当我们歌唱的时候。

纯粹从解剖学上讲，我们可以通过改变声带的伸展程度来使声音变短、变硬或变长、变细。

➤ 最好的声音

如果我们想给人留下深刻的印象，甚至获得更多的影响力，那么最好的声音是什么？

杜克大学商学院的一项研究分析了792家规模大小不一的公司高管们的讲话方式。

研究表明，拥有低沉声音的男性首席执行官们领导着规模更大的公司，平均收入比音高更高的男性首席执行官高出18.7万美元。声音低沉的经理们平均任职时间也比音高更高的经理们长五个月。

另一项研究发现，自1920年代加尔文·柯立芝以来，在每次美国总统选举中，声音低沉的候选人都获胜。但是，仅仅拥有低沉的声音并不足以让你走上权力的巅峰。我们对声音如何处理也很重要。

在一项以不同母语为基础的领导人的声音研究中已经看到了这一点。

巴西前总统卢拉，母语为葡萄牙语，意大利北方联盟领导人博西和那不勒斯市市长，以及法国前总统尼古拉·萨科齐都在本研究中被作为研究对象。

这些具有超凡魅力的领导人在进行演讲的时候，无论使用哪种语言都有一种模式：他们都倾向于将声音拉伸到音量更高和更低的位置。

他们的声音变化很大，这种特征使别人认为他们很有魅力。

当与其他政客交谈或者跟其他人交流政治以外的话题时，这些领导人表现出完全不同的语气。他们的声音不再在极高和极低之间移动，而是保持了恒定的低沉状态。

当领导人谈论非政治主题时，他们的声音变得越来越没有差异。

当研究人员试图以人为方式改变音调，让演讲者的声音变得更高时，他们的魅力被认为大大地降低了！

其他研究也表明，高音调也会让人联想到孩子的声音，这使我们感觉到高音调的人比那些声音成熟的人更软弱，缺乏能力和热情。

"铁娘子"玛格丽特·撒切尔夫人可能是最有代表的有意识地通过改变她的声音来改变自己形象的例子。

在她的职业生涯刚开始时，她的声音听起来相较后期更温和，然后她做出了有意识的改变。她的顾问、前记者兼电视节目制作人戈登·里斯协助她，让她通过声音也能创造并树立起正确的形象。

撒切尔夫人通过降低到46赫兹的音调成功地进行了训练。她还降低了语速：通过生理变化让说话速度变慢。

同时，她随身携带的黑色的、独家的手袋也是象征权力和影响力的重要配饰。

■ 心理能量

每一个人都具有不同的心理能量。

有些人说话速度较慢；有些人则有较快的节奏：充满活力和热情。

如果你是语速较快的人，而与你交谈的是一个说话慢吞吞的人，那么你可能会崩溃。在一个团队中，尝试镜像彼此的心理能量可能是明智的。

　　稚嫩的声音容易唤起了人们的刻板印象，老年人的声音也是如此。在一个研究中，听过老年人声音的听众认为这些人的能力较弱、顽固，认知能力也弱。恰好符合人们对老年人的刻板印象。

■　权威的声音弧

　　女性的声音更可能倾向于在句子结尾变得更加有力，就好像她们在问一个问题一样。

　　如果你是女性，并且想发表意见——那么让你的声音跟随所谓的权威弧，即权威音弧来做：你的声音从某个音调开始，然后提高音调，再慢慢减低音调，结束时的音调和开始的时候一样。

■　表达重要的信息

　　表达你最想强调、最重要信息的建议：

　　◎坐下，必要时站起来。

　　◎保持微笑。

　　◎注意你的手。减少不必要的动作，避免紧张的小动作。

　　◎表达出你的承诺和感情，但避免过度。因为如果你更有能力和影响力，表达出你的所有感觉会削弱你的权威。

　　◎请保持头部直立。歪着脑袋是一种同理心的信号，但也可以被理解为你是顺从的。

　　◎确保握手有力。

　　◎穿着得当（请参阅第12章）。

　　◎使用较少的词。

　　◎用低沉的声音说话。

　　根据刻板印象，仅仅听到声音就足以让我们了解发出声音者的职业和个性类型。

➤ 对话

　　电视或广播电台节目主持人是否需要特殊的语音技能？电话推销员会说、会听流行的方言会更好吗？你可以在销售中使用俗语、俚语吗？

　　我从西部省（瑞典西北方一个省）认识的一位电话推销员搬到斯德哥尔摩并迅速成为她团队的销售明星，成功的原因之一是她拥有让人听起来很舒服的西部省方言。人们将她视为很有自信心的人，这增加了他们的购买意向。

　　为了调查发音、口音和方言是否会影响我们的购买倾向，美国进行了一项研究。在该研究中，同一家公司的信息使用三种不同的方言或某些口音的表达给听众。

　　第一个实验表明，与分别听到断断续续或者不连贯的美语、法语的声音获得的信息相比，人们更愿意，更有可能选择一家听到的信息来自一个"标准的美式英语"的声音。

　　第二个实验研究了背后的原因。他们发现，当听到"标准美式英语"以外的声音时，人们对组织的期望就被打乱了，这对购买意愿产生了负面影响。

　　第三个实验是在第一个实验基础上完成的，但是增加了带有印度和英国口音的声音。

　　最受欢迎的仍然是"标准美式英语"。

其他方式也能证明我们受发音影响，比如澳大利亚的一项针对10岁和12岁儿童的发音实验。研究参与者的假设是方言会影响儿童对他人的看法。研究对象包括来自澳大利亚单一文化学校和种族多元化学校的孩子们。

孩子们收听一些男孩用英语阅读课文，这些男孩或多或少有明显的意大利语和越南语口音。

实验参与者也被告知使用"宽广"和更中性的澳大利亚英语口语阅读同一段文字。

一半的孩子因各自的语音和方言而得名，另一半则听到没有名字的方言。年龄较大的孩子（而不是其余的孩子）也受到他们对所听到的特定方言或折射的熟悉程度的影响。这些发音激发了他们的种族刻板印象。

其他研究也发现我们更喜欢熟悉的方言和发音。如果长期与某种方言或发音有接触，我们对各自的评价和发音的评价都会更积极。

例如，在销售环境中，拥有美国南部州方言的人通常被视为"友好的和值得信赖的"，因此可以获得更多小费；但同时有一种倾向，对地位高的人，这些差异会被忽视。

我们可以将这些结果带到瑞典吗？

那些韦尔兰省或斯莫兰省[1]口音的人会被认为是温暖和可信的吗？

那些讲标准瑞典语的人是否被认为是更有能力和更高地位的人？

1　斯莫兰省是瑞典东南部的一个地区，是瑞典的粮仓，以口音不平常著称。

就像我们的手势和态度一样，我们的方言、口音和说话方式也会影响其他人怎么看我们。

我们的声音比我们所说的内容重要得多。

假设一件罪案发生了，目击者要指认犯罪嫌疑人，警察将许多人排成一排。有时证人根本没有看到犯罪嫌疑人，只是听到了他的声音。

那时，证人还没有被称为目击者，他们的印象——即使很短而且很少——可能对审判结果产生决定性影响。

目击者以及在司法系统中工作的人，会受到语音的影响。这被一项以司法中声音调查为重点的研究所证实。

一般而言，无论是普通人还是执法领域工作的人，对人的外表都具有相似的成见。

但是通过这项研究我们发现，我们还将某些声音与犯罪和"坏蛋"联系在一起——这也是刻板印象。

声音优美的人会被别人朝无罪或者无辜的方向判断。在心理学中，光环效应也与声音有关。这种现象通常被称为"听起来不错就是美丽"。

声音更具有吸引力的人通常被认为更容易被人喜欢、更成功、更有力量、更加坚定、更具统治力并且更具社交能力。

基于该想法，具有这些声音的人犯罪的可能性较小。

是什么使某些声音在我们的耳朵中感觉更愉悦？一个研究小组在分析了大量声音后，对于如何感知声音创建了"第一印象问卷"，从中发现了11个声音特征、22个人格特征、3个人格维度和3个声音维度（通透性、清晰度、柔和度）。

➤ 词汇

人是群居动物。

积极和某些消极的情绪会影响到我们。重复一遍。与他交谈的时候，眼神交流使我们感知到自信和安全。

眼神交流也显示了对另一个人的兴趣：我们以眼神"倾听"朋友。

一项关于眼神交流重要性的研究表明，让人感受到信任的说话者的眼神交流频率是不能让人感受到信任的三倍。

另一项研究显示了关于夫妻彼此交谈的电影录音。第一个影片剪辑的夫妇有80％的时间与目光接触，他们被认为是友好、诚实、自然和拥有良好的自尊心的；另一对夫妇只有15％的时间与他人发生眼神交流，他们被认为是冷漠、防御、不成熟或顺从的。

■ 具有强化功能的词汇

词汇的功能非常强大。

词汇可能会产生不同的情感和能量冲动。

我们使用的词语会影响我们和自己的关系。

我们说话所用的词汇能让我们周围的人积极向上或者消极低落。

应用最积极的词汇比使用较少的积极或消极的词更容易使我们受到喜欢。

积极地评论他人也会让我们对自己的看法更积极。

词汇的光环效应会让我们所说的话具有锦上添花的作用。

■ **诅咒**

诅咒通常会让他人对我们的印象产生负面影响，但是也许在某些情况下使用它们会更宽容。

一些亵渎被认为是较温和的，而另一些则被认为是辱骂。如果使用咒骂，我们就会被认为更外向，但也充满敌意、不尽责和不具有同理心。

➤ 八卦

"你听说珍妮……"

在大多数社交团体中，成员有时彼此谈论对方。当我们交流有关不在场人员的信息时，这些信息可能是正面的，也可能是负面的，但都是纯粹的八卦。

也许你正在结识新朋友，他正在与你分享这种负面信息。你会感到一点儿内疚，并觉得这样做不好。

同时，你知道与你交谈的人没有履行应尽的义务。也许你甚至更加了解你们两个人的共同秘密？

是的，八卦确实建立了社交联系。

其他原因可能是我们感到嫉妒，想报复某人或想在一段时间内感觉好一点儿。

八卦也可能引起人们的注意："等一下，坐下，因为现在你会听到我刚刚知道的事情！"

无论出于何种原因，我们都很难避免八卦的影响。

它损害了一个团队的士气、道德和生产力。

你希望和你有关系的人具有什么人品和感觉呢？

➤ 精彩的演讲者

你如何成功吸引观众？随着开始收到更多演讲的邀请，我想更多地了解让演讲者变得如此出色的原因。

无论你是提出新想法，进行销售演示，在大型舞台上进行演讲，还是为孩子们讲故事，这里的六个技巧都可以使你成为更好的沟通者。

提示1：运用感情

在房间里，我们给听众们带来的感觉是什么呢？除了逻辑之外，还能吸引观众的情感吗？

逻辑是好的，并使其他人更容易证明自己的选择是合理的，但这不是决定因素。

研究员安东尼奥拉·达马西奥研究了调节我们情绪的大脑区域受伤的人。

这些人和普通人几乎一样，不同之处在于他们无法感觉到情绪，也很难做出决定。

他们可以从逻辑上逐步推理出应该如何做出决定的方式，但他们甚至很难决定早餐应该吃什么。

对大多数人来说，**情感比逻辑更重要**。

我们的情绪能够支配并控制我们的思维。

提示2：讲故事

大多数事情可以通过事实报道或历史和故事来传达，将你的事实与故事融合在一起。

用同理心、适时暂停，有节奏和音调变化来讲述，并为聆听的人创造一种身临其境的体验感。

讲一个问题，提出一个案例。描述后告诉对方如何设法解决它。即使你前面只有一个人，也要敢于做到这一点。它变得更有趣、更令人信服，让你看起来更专业。

提示3：注重于开始和结尾

在心理学中，有一种现象叫作序列位置效应。

人类是懒惰的，我们主要记住的是系列或序列的开始和结尾。在其余时间，我们或多或少地心不在焉。将火力放在起点和终点，你的听众最容易记住这些内容。

提示4：善用换位思考

帕特里克·伦沃瓦和克里斯托弗·莫林在他们的《神经营销》一书中描述了一种情况：晚上，在去一家餐厅的路上，帕特里克遇到了一个乞丐，对方拿着一个牌子，上面写着："无家可归。请帮助我。"帕特里克经常会给乞丐施舍，他认为这次也应该这样做。

但是在这样做之前，他想尝试看看是否可以通过改写牌子上的信息来达到长期帮助这个乞丐的目的。

帕特里克给了乞丐两美元，条件是他要在牌子上更改信息，并让对方保持两个小时不变。他还承诺，如果他拜访餐厅后返回，乞丐仍留在原地，他将再给乞丐五美元。

两个小时后，两人再次见面了。但是这个乞丐现在不愿兑现承诺再收他的五美元，并坚持要给帕特里克十美元，他说帕特里克在餐厅的时候他已经收到了六十美元。考虑到此人的正常时薪在1～10美元之间，这是一个很大的增长。它在标牌上说了什么？嗯，换成了这些内容："如果现在是你饿了，怎么办？"

当亲自面对问题时，我们内心就会发生某些共情。我们会努力使自己熟悉对方的处境。听到数以万计的挨饿的人并没有像听到一个有名字、家庭甚至一张照片的挨饿孩子那样使我们做出同样的反应。

它变得更加个人化，我们希望提供更多帮助。

你可以改写一些信息以保持专注吗？

提示 5：考虑非语言表达

除了言语之外，在你的信息中，我们还以手势、模仿和语调等非语言方式传达信息。

如果方式和谐，一切都是和平与欢乐；如果不是，那么我们有问题。我们被认为是不可信的。

提示 6：活在当下

忘记今晚做什么，忘记今天早上可能出了什么问题。关掉手机上的声音，不要仅仅因为你暂时不忙而拒绝接听声音的诱惑。让头脑和思想来个天马行空。

　　预定的会见，会议即将开始：尝试清理头脑，而不是最后一次查看电子邮件。

　　当处于当下，我们成功的概率就会增加。努力地生活在当下的人们被认为是冷静和可靠的，并且在减轻压力的情况下感觉更好。

　　■　被需要感的重要性

　　当我们看到一个人，问他一些有趣的问题，倾听他的回答，集中注意力并给予他实在的赞美时，会让他感觉自己变得很重要。

　　如果对方在我们面前感觉良好并感到被需要，我们将更容易被对方接受。

　　托马斯·杜威说："人最重要的需求之一就是被需要感，会引起别人的重视和赞赏。"

Chapter **10** 记忆的味道

气味无法拍摄，也几乎无法用语言来描述。很长一段时间里，嗅觉是最不为人知的感官。然而，现在我们知道，我们的嗅觉能分辨一万种不同的气味。气味无处不在，或多或少都能闻到。

人类使用香水的历史十分悠久。我们愿意花很多钱来让自己闻起来更香。我们会凭借一个人用的香水，来判断对方是不是有魅力，适不适合做领导，该不该被雇佣。你知道吗？我们的体味也是一种个人特征。我们可以凭气味从一堆T恤衫中认出自己的那一件；宝宝在出生几个小时后，妈妈就能凭孩子的体味将他认出。嗅觉甚至能帮我们找到合适的伴侣。这些通过皮肤分泌出来的化学信息被称为信息素。

奇怪的味道！

当你走过一个坐在睡袋上的男人旁边时，你闻到了这种气味。

你正在上班途中，但瞬间感觉自己穿越了时空……回到了童年时代，刚刚打开前门。你有点儿害怕自己将要面对什么……家里有人吗？公寓里没有灯亮着，但也许有人正在睡觉。

幸运的是，你的祖母和你在一起。她看了看客厅的沙发，没有人，卧室里也没有人。她叫你过去。

你先进入客厅，在桌子上看到有许多空瓶子，有些就扔在地板上，旁边还有一双脏鞋子。你去了厨房，水槽那里看起来好像有人正在做饭，准备东西……这里也有很多空瓶子。

一切仿佛都停留在那里，记忆中的景象就像一幅画！

这已经是很多年前的事了！

你试图让自己从这些情感中解脱出来。现在你在这里，在上班的路上。你脑中的图像也许可以抹去，但焦虑和恐惧的感觉仍然存在。

所有这些都是因为气味。

气味无法拍照，也几乎无法用语言描述。

长期以来，嗅觉一直是人类五大感觉中最未知的。今天，我们知道嗅觉可以区分出一万种不同的气味，包括香味和臭味。

感谢2004年诺贝尔医学奖获得者理查德·阿克斯和琳达·巴克让我们知道这么多味道。

嗅觉对于我们的记忆、经验和身体内部健康都有着非同寻常的意义。

多达80％的男性和90％的女性会散发出对自己特定记忆或经

历的独特香气。

我有好几年一直使用同一款香水，后来不用了。因为我没有继续买新的。今天，在机场或船上，只要我走进免税品商场，看到那瓶子，通常都会情不自禁地走近它，闻闻它……

每次都会这样！

我会突然很清楚地回忆起那段时间：那时候穿的衣服、住的小公寓，和我在一起的人以及我们经常去的俱乐部。还有圣诞节、热红酒、姜饼和圣诞树……

如果没有了这些充满圣诞气息的特殊气味，圣诞节还是圣诞节吗？

我们不需要看到、听到或者感觉到，只要闻到味道就足够了！因为这些味道已经长驻我们的灵魂和身体，我们会不由自主、自然而然地记住它，唤醒它。

嗅觉是人类最直接的感觉。

我们一闻到气味就会有本能的反应。

香味和臭味的经历很难被改变，因为它们在无法解释的情况下融入我们的身体、记忆；它们只是悄无声息地影响着我们。

嗅觉器官位于鼻腔的顶部，分为三个层次。

在平静而正常的呼吸中，吸入空气通常只经过两个较低的层次。只有当你真正尝试去闻到或者闻到了某物时，带有味道的空气才会通到顶层。

通过嗅探，可以使气味分子更靠近位于鼻子后部的气味受体，结果是我们感觉到的气味更加清晰。我们有大约一千种不同的气味受体细胞，每个细胞都专门对应单个的香水味道。

气味到达受体后，信号被发送到大脑嗅球中的肾小球。然后信号传递到大脑的特定部位，以便在大脑皮层中将其组合成一个模式。

在那里，来自几个接收器的信息被组合成某种气味特征的模式。鉴于每种气味都是由几个不同分子组成的，因此我们可以理解、感知的味道组合数量非常多。

> ### ■ 曝光效应
>
> 早在20世纪60年代，研究人员就发现，在我们所了解的和所喜欢的事物之间似乎存在着某种联系。这称为曝光效应（多看效应）。我们见面、看图片或听到声音的次数越多，就越喜欢。

➤ 香水的历史

我们自然希望自己闻起来感觉很舒服，也希望周围的环境闻起来感觉很舒服。如今，我们使用的很多产品都富含香味，例如洗发水、护肤霜和婴儿护垫，还有香薰疗法、香薰蜡烛、香精和家用芳香剂。

但是，从历史上看，香水行业一直主导着商业香味市场。19世纪末，才有新型的可用于化妆品的化学合成类香味产品上市。在此之前，都仅仅是从天然芳香剂中提取香气。

从那时起，人类才可以制造出更复杂的香水，而人们也才开始使用香水。

考古学家在塞浦路斯的皮尔戈斯发现了世界上现存最古老的"香水"。它们已有4000多年的历史，被发现于一座古老的香水作坊中。这是一座占地4000平方米的巨大工厂建筑，里面装有各种香水瓶、器皿、漏斗和碗。杏仁、香菜、桃金娘、树脂、佛手柑和各种花是主要成分。

波斯化学家伊本·西纳，也称为阿维森纳，他发明了蒸馏法：该方法开始从玫瑰和其他花朵中提取油脂成分。这在今天仍然是最常用的香料提纯方法。

但是，在现代香水业找到合成香水的方法之前，香水通常只包含一种香气。

如今，香水通常具有几种香气。其中包含了头香（或者叫前调），当我们喷洒香水时，这种气味会立即散发出来，并引起人们的兴趣，让我们产生好奇。头香（通常是柑橘、薄荷或花朵的新鲜香气）由小而轻的分子组成，这些分子迅速蒸发，给人留下深刻的第一印象。

在第一印象之后出现中香（或者叫核心调），在前调消失之前，它开始散发出来，并赋予香水个性。

同样，根据不同的使用者，同一款香水的香气也有所不同。

如果香水质量良好，中香约15分钟后开始散发，并在皮肤上停留至少4个小时。

接着是尾香，这是一种可以长时间保留的香气，例如留存在衣服上。

香水行业在未来也可能有非常好的前途。我们可能会，也非常愿意继续支付很多倍的费用让自己闻起来更香。

➤ **信息素**

到处都有气味，或多或少。

你是否知道我们身体的香气可以成为自己的个人标志？我们可以在一堆T恤中凭气味识别出属于自己的那一件。在分娩后几个小时，许多母亲从身体气味上就可以识别出她的新生婴儿。此外，嗅觉可以使我们找到合适的伴侣。

其中的化学信使被称为信息素，并通过皮肤排出。

这个词组的第一部分来自希腊语pherein，意思是"携带或运输"，第二部分来自"刺激激素"一词。

信息素是人类和动物体内产生的激素物质，会影响我们物种近亲的生理和行为。信息素具有不同的化学结构，因此也具有不同的特征。

在危险的情况下，某些动物物种会发出警报激素。这些警告相同的其他个体的信息素会被犁鼻器（鼻和嘴之间的信息素检测系统）捕获。

信息素赋予动物感知其他生物情绪状态的能力。动物甚至可以感知几公里之外其他生物是友好的，还是有危险的或者是在交配。

除了人类和其他灵长类动物以外，哺乳动物通常依赖信息素作为交流手段。例如，狗在嗅觉和味觉系统中有2亿个受体，而人类则只有1000万个左右。因此，一只失明的狗比一个失明的人少了许多行为上的约束。

长期以来，研究人员认为，人类和类人猿在社交场合中很少使用嗅觉。今天，人们知道的更多了，即使人类大脑中有意识的部分无法检测到所有气味，我们有时也会在不知情的情况下受到影响并做出比我们知道他人信息素更多的反应。

所谓的MHC基因也会影响我们。这些基因存在于包括人类在内的所有哺乳动物中，并在免疫系统中起着重要作用。理论上，人体中存在多种不同的MHC组合。

根据假设，动物会选择一个与其基因不同的伴侣，以避免近亲繁殖和遗传因素让后代变得脆弱。基于此，可以得出结论，将自己的基因和拥有与你自己不同的MHC的人混合是有好处的。这个结论也适用于人类。

我们所有人的DNA组都存在缺陷，这些缺陷对我们的后代实际上可能有致命的影响。如果我们确定要弥补这种潜在缺陷，可以避免这种情况。这意味着我们需要找到具有不同遗传基因的伙伴。

我们找到这些人的方法就是通过信息素。

实际上，实验证明了我们可以通过嗅觉和味觉器官感受到其他人的MHC。在某种意义上，我们可以感觉到彼此基因的气味。

你穿了一件T恤，在看电视，与家人共度时光，然后睡觉的时候还穿着它。

一个晚上之后，T恤上就充满了你的体味。

第二天如果有异性在你的T恤上闻到气味，那么拥有与你的MHC基因不同的人就会是喜欢这种气味的人。

在一个实验中对这种现象进行了研究，一组男女分别穿着他们的T恤，然后异性之间互相从T恤上嗅闻气味。结果一致地，具有其他MHC基因的人穿的毛衣都是首选。

假设你在网上约会应用软件App上注册，上传了个人资料，然后有许多人加你，介绍他们自己。你看了他们的照片，挑选了几个你感觉最喜欢的对象。见面后，你发现只有两个是你想继续发展下去的人。而其他人即使有趣，也聪明，你却再也不想与他们见面了。

是不是信息素一直在活动并影响了你对他人的印象？

是你的身体告诉你最好与谁混合基因吗？

排卵期有气味吗？

此前，研究人员认为，与雌性动物发情期散发强烈气味吸引雄性动物不同，女性的排卵是在悄悄地进行的。

今天我们知道事实并非如此。

男性似乎具有某种发达的感知系统可以感知处于排卵期的女性。不管男女，大家都认为排卵期的女性比非排卵期的女性在生理上更吸引人。

一项特殊的研究表明，排卵期的脱衣舞娘得到的小费更多！

➤ 人格的魅力

我们今天知道，嗅觉在人类互动中起着重要的作用。

但是，我们可以根据一个陌生人的体味来判断其个性吗？是的，激素和递质与人格、个性有关。

对于外向型、控制力不强和情绪不稳定的人尤其如此。

也有证据表明，尽责、友善和开放具有基因遗传的成分。

然而，研究尚未发现体味与所有这些性格特征之间有任何更强的联系。

我们说得再深入一点儿。血清素是人体中的一种递质。血清素含量低与冲动性、攻击性和焦虑相关性有关；多巴胺是另一种递质，被认为会影响冲动，寻求社会激励，产生兴奋和积极情绪。

支配性和攻击性行为往往与睾丸激素水平升高相关，这可能意味着有支配力、占主导地位的男人的气味与其他人不同。

体验伴随着我们的一系列神经化学变化。反过来，这意味着某些情绪也可能与体味相关。

例如，恐惧和压力可以以警报信息素的形式由一个人传达给另一个人。

研究还表明，人们有能力从汗水中看出同一个人是紧张还是不紧张，害怕还是不害怕。恐惧下散发出的体味会增加女性的警惕或担忧。简单一点儿说就是，我们能够感受到恐惧的味道。

总而言之，可以与感官和生理联系在一起的属性是那些与体味联系最紧密的属性。

我们可以从一个人的气味中认出对方。通常，我们对基于香水的异性的个性判定也更有信心。

➤ 香水

香水引人入胜。

我们为什么要使用它？在什么情况下，我们选择为自己喷香水？为什么男人和女人有不同的香水？香水会影响他人对我们的印象吗？

考虑到人类使用香水的悠久历史，我认为我们有理由花钱去买香水。

通常，我们希望彼此之间留下良好的印象。

当有客人来访时，我们想展示自己最好的一面，通常会确保拥有一个干净整洁的房屋并邀请客人喝咖啡。

这种能给人留下深刻印象的事，是我们经常要认真对待的"社交工作"。

第一印象具有深远的影响。如果我们成功地履行了这一重要的社会承诺，那么我们将获得领先，而且从一开始就朝着正确方向发展的关系通常是我们将来可以依靠的关系。

印象管理被称为有意识或无意识的过程，在此过程中，我们努力影响其他人对我们或他人的喜欢程度。

影响他人对我们的看法这种尝试通常称为自我介绍，我们如何向他人展示自己？

在这种情况下，香水具有非常特殊的作用。为了调查特定的香味能否使我们以某种方式感知香水载体，我们进行了一项研究。

在这项研究中，研究人员使用了三种不同的香气：花香、东方香气和西普香气（带有柑橘的前调和柔和的土质基调）。

一共有90个女性参与，她们被赋予评估认为每种香水载体具有什么样的个性任务。

花香气味对能力、专业素养、自我保证和决心的影响估计较低，喷上这种香水的人被认为不太像"领导者"。

今天，无论男女，大家都在使用香水，希望能够助力他人对自己产生好印象。

男性和女性的气味当然是基于性别的刻板印象，通常，由香水制造商来决定什么香水适合男性，什么香水适合女性。

女性香水通常是花香或者水果香，而男性香水通常是刺激的或强力的气味。

香水的性质和定型观念是否会影响我们对雇佣一个适合特定服务的人的形象？

在两个实验中，分别要求女性和男性参与者来聘请一家公司的经理。

在第一个实验中，他们收到了降低管理职位的要求。

实验中已准备好其中一人使用典型的男性香水，一人使用典型的女性香水或根本没有使用香水。

在第二个实验中，任务是完成对求职者进行面试：一个女人或男人使用典型的男性香水，不使用典型的女性香水。

使用并散发传统男性香水的男人经常被选上，而使用男性香水的女性被认为更适合担任经理。

吸引力已被证明是其他人对我们迅速观察、判断的一个因素。

在很大程度上，我们同意哪些特征被视为更有吸引力呢？我们将在下一章中讨论。

但是，如果一个人真的使用了很香的香水，我们是否会认为这个人更具吸引力？

我们让16名女性来评判不同男人面容的吸引力，这些面容短暂地显示在计算机屏幕上。每次出现一张脸时，都会同时用干净的空气或四种不同气味的喷雾剂之一吹到大家脸上。这四种喷雾剂中，两种很香（花香和较浓的香水），两种不香（橡胶味和体味）。

如果女性在看脸时感觉到更多的负面气味，她们会认为看到的脸没有吸引力；当感觉到令人愉快的气味或根本没有气味时，这张脸被认为更具吸引力。因此，积极的气味给人的印象是更有吸引力，而消极的气味给人的印象不那么好。

总结：气味的印象在非语言交流中起着重要作用，从香味中我们可以对一个人的个性、性别、外貌得出许多结论。

如果在芬芳的环境中与他们相遇，我们会更积极地对待对方。

我们也了解人们的外表让人感觉愉悦的程度具体也取决于与之相关的香气。

当然，任何寻求领导职位的人都应该特别有意识，特别重视。对于刻板印象中的男性而言，较浓郁且辛辣的气味会影响其他人——不论男女——都更多地将他看作是领导者。

在下一章中，我们将研究外观如何影响他人对我们的个性、机会、技能和信誉的看法。

Chapter **11** "美的就是好的"

我们都听过类似"情人眼里出西施""不要以貌取人"这样的话。然而，不管怎么说，外表迷人，得到工作、结识伴侣的机会更大；在被指控犯罪时，被无罪释放的机会也更多。在童话故事、好莱坞电影和迪斯尼卡通人物中，好人总是美丽端庄，坏人总是丑陋不堪。

在这一章你将了解到，外表的刻板印象和类型选角是如何在电影和广告行业中屡见不鲜，又是如何随着社会经济发展，有条不紊地变化的。你会知道，哪些外表在政治领域最吸引选票，长着娃娃脸的人又该如何提高升职机会。这种对比甚至适用于某些鱼类：在它们的族群中，雄性会避免和比自己更耀眼的同性在一起。

在这一章你还将了解到，哪四种外貌特征被他人认为很美丽，以及在不同时代我们曾努力强调过哪些特征。

美丽似乎能让生活变得更简单，有时被作为象征身份地位的品质。事实上，我们愿意不求任何回报，只想让美丽的人满意。我们会和美丽的人分享秘密、八卦和个人信息；我们愿意让他们赢得辩论，让自己被他们说服；在街上看到美丽的人走来时，我们真的会后退。

我们都听到过"情人眼里出西施"和"人不可貌相"这两种说法。但是古希腊人却说，"美的就是好的"。根据这句话，我们的身体美与许多积极的内在品质相互关联。

基于这种思维方式，我们的许多经典童话、迪斯尼人物和好莱坞电影都以此为基础进行创作。灰姑娘善良而美丽，而继母的女儿们意味着丑陋和邪恶。

我们中很少有人希望仅仅只有外表成为决定人际关系或获取机会的最重要因素。

对于外表，我们没得选择；对于父母，我们更没得选择。我们无法改变自己天生具有的金发或棕发，蓝眼睛或绿眼睛，高或矮的基因。我们很少有人会对自己的外表完全满意。有时，这种不满意甚至掩盖了我们对日常生活中所有其他事物的感觉，尤其是在青春期。

外表如何影响我们自己和他人？我们如何根据面貌来判断他人？

这些将是你在本章中得到回答的扣人心弦的问题。

➤ 外表故事

古埃及人已经开始对眼睛、嘴唇和脸颊等部位进行描画，他们也染了头发，以不同的方式装饰自己。基本上，在我们知道的历史中，人类一直在试图美化自己。

玛丽莲·梦露是凭借外表和魅力吸引我们的人之一。她一生的故事似乎永远是那么令人着迷：从孤儿到成为电影明星。

第二次世界大战期间，摄影师诺玛·让·贝克在飞机制造厂的一次工作实习中偶然发现了玛丽莲·梦露。当时，模特这一工作的报酬很低，有些甚至低到有辱人格。为了在激烈的竞争中保持自信，她染了金色头发，取了艺名玛丽莲·梦露。她成功地引起了人们的注意：她成了电影明星，受到了全世界的尊重和钦佩。

没有多少东西能像人的外貌一样引起我们强烈关注。就交流力度而言，几乎没有什么东西可以与外貌竞争。我们从父母和祖先那里继承了特征：鼻子、眼睛和脸型。在家族的黑白照片中可以看到，我们的一些特征可以追溯到很久以前。

人类学家梅尔文·康纳认为，我们最初对面貌的兴趣归因于亲缘关系。但是，我们希望从祖先中获得的特征可以与他人融合并创造新的外观。每个人都有自己的风格和标记。

生活方式、年龄和习惯都会在脸上形成标记。如果我们经常感到苦恼，因担心而皱眉头，就会在脸上留下皱纹。如果我们经常因不高兴而噘嘴或抽烟，也会在脸上留下痕迹。

二十世纪五十年代经典心理学研究的参与者中，有90％的人认为，是可以从一个人的脸看出这个人的性格的。有时，我们也听到"眼睛是心灵的窗户"这句话。我们可以说一个人看上去很善良，另一个则看上去令人讨厌，而第三个则看起来并不可靠。在电影和广告行业中，已经完全接受了这一点。当使用具有特殊外形的演员来扮演特殊角色时，这些特征可以强化电影的角色，这就是所谓的类型转换。

有时，某个演员可能会被固化成某一类角色。一些演员会一直在电影中扮演反派角色，而有些演员总是扮演英雄角色。当制片人真的想动摇、打破我们的旧观念时，他会让那个看起来很善良的人饰演反面角色。

在童话世界中，查看角色的长相就足以知道谁是卑鄙的，谁是善良的。比如邪恶的巫婆总是下巴很长，鼻子过分突出，眼睛小小的，身材粗壮，棱角分明。

➤ 司法与外貌

在前文中，我们提到了地方法院法官丽瑟洛特和被告约翰逊，后者身着洁白的刚熨好的衬衫，实际上看起来更像个好叔叔。在法庭上，还有受害者——约翰逊的邻居艾尔贝特逊，他的容貌则使他看上去很让人讨厌。

丽瑟洛特法官是否受当事双方外貌的影响？

所有社会和社会团体都热衷于发现和惩罚不良行为。不管是什么案件，对案件的任何判断都要求是基于对案件本身实事求是的回答。

我的博士论文于2010年完成，涉及法庭上的心理机制以及针对陈规定型观念和歧视的初步调查。我有幸与专业法官、陪审员、检察官、律师、警察和法学院学生一起进行了一些实验。当然，罪责问题应该由对证据的客观评估来决定，但先前的研究表明，在法律程序中，我们会受到与案件不相关信息的影响。我们也知道，外表和性别通常都很重要。而性别又是最重要的。在法律程序中，男人经常被判得比女人重。此外，有许多迹象表明，我们很难接受女性是一个罪案的肇事者，我们会希望看到她是无辜的。

但是，当证据不胜枚举时，她最后的判决结果往往比男人更重。显然，犯罪的女性相对更少。她打破了我们对一个女性所期望的形象，因此会受到更严厉的惩罚。难道我们的安全观和世界观也被打破了吗？

多项研究已经证明了外貌对诉讼结果具有重大意义。事实证明，外貌有吸引力的犯罪嫌疑人，不论性别，都会比外貌普通的犯罪嫌疑人被定罪的机会更少。而如果仍然被判有罪，他们也将有可能受到较轻的处罚。

最早对此进行的一项研究表明，被起诉的不漂亮女人被认为更有可能再次犯罪，而漂亮的女人比不漂亮的女人更少被判犯有她们被指控的罪行。同时，外貌有吸引力的受害者也更有机会获得属于他的权利，并获得更大的赔偿。从某种意义上讲，我们会为有吸引力的犯罪嫌疑人寻找借口。如果孩子的外貌看上去更有吸引力，那么一般他们所犯错误的严重性也会被降低。看起来可爱又甜美的儿童，即使做错了什么，也更容易被原谅。

因此，对嫌疑人和受害者而言，长得好看都是有好处的。这可能是我们大多数人认为可怕的事情，但据试验参与者估计，比起外貌普通的女性的去世，外貌具有吸引力的女性的死亡看起来让人感觉更悲惨和更没有道理。当受害人的外貌很有吸引力时，实验参与者对嫌疑人的惩罚也更加严厉。

我们对犯罪和非犯罪的社会公民都有外表刻板印象，这被称为"犯罪面孔偏见"。但它不仅仅是这样。对不同的犯罪嫌疑人，我们也有不同的外表刻板印象。我们希望看到强奸犯和持械抢劫犯之间的区别。事实证明，如果犯罪嫌疑人非常好看，有时他会在媒体上被炒作——照片在报纸和电视上传播并在社交媒体上分享、转发——人们似乎对一个既可能犯罪又很有吸引力的人感到激动。同时，总有一些人喜欢这些"热门"罪犯。

为什么人们会被一个外貌好看的犯罪嫌疑人所困扰？答案之一可能是我们似乎很难接受一个非常好看的人是恶毒的。通过自动将漂亮的外貌与善良的个性联系在一起，形成刻板印象："美的就是好的。"毕竟，从孩提时代起，童话、故事和电影就不断地给我们灌输这一切。

如果证据仍然足够令人信服，我们就会无意识地认为有吸引力的肇事者破坏了我们所认为的"有吸引力的人是善良的"这么一种世界观。所谓的"感情色彩转移假设"也表明：好看的人就是好人。当我们看到那些让我们感到生气或者险恶的外貌的时候，我们才感觉对方看起来像罪犯。

此外，刻板印象可能会在整个法律调查过程中都影响我们。当评估者面对复杂的情况时，他们倾向于将刻板印象作为工具。他们通过专注于与刻板印象相符的信息并拒绝与此不符的信息来简化工作。

采纳一个人的信息是否与刻板印象相符取决于此人的内在特征。与刻板印象背道而驰的行为被认为是受外部影响造成的："她通常不会这样做事！这不像她！一定发生了什么其他的事？有人强迫她！"

文身等某些外观特征通常被认为和犯罪有关联。研究人员表明，文身的人并没有被认为减少了吸引力，但是，他们却被认为减少了可信度。

➤ 广告和外观

在产品销售和市场营销中，外观被清晰、自觉和策略性地使用。有一系列证据表明，美容产品是这样做的：有吸引力的模特会提高广告的可信度，会增加人们的购买意愿，影响受众对产品的态度，并转化为实际购买产品或服务的行为。如果你想要他人改变态度，那么有吸引力的男人或女人比不那么有吸引力的人更有效。

几个研究销售情况的研究人员发现，身体上较不吸引人但浓妆艳抹的模特销售的啤酒较少。原因可能是，与吸引力大、更完美的模特相比，这种吸引力较小的模特无法引起更多关注。

另一个解释可能是关于模特个性的结论。因此在这种情况下可以认为，非常吸引人的模特是外向的、健康的和活跃的。同时，在当前广告中，不那么吸引人的模特被假定为不那么外向、健康和活跃。

由于具有更多的不良健康经验，她将比高度有吸引力的（健康）模特拥有更多的身体和卫生方面的经验和知识。

因此，它与你要出售的商品有关。

电视、户外媒体和报纸上的广告充满了吸引人的模特，因为他们被认为可以促进销售。然而，广告中的"美"效果会让人怀疑。为什么呢？因为我们会立即、自动得出有关模型个性的结论。例如，电视广告中，在传达信息时，看起来像孩子一样的个体模特被认为缺乏知识，但更为诚实。

据估计，性感形象广告在西方世界所有广告中占五分之一。

古老的公司和历史悠久的品牌，例如古驰、博柏利和迪奥，通过投资新的性感形象获得了新生。

➤ 媒体和外貌

对1939年至1997年间美国电影女演员受欢迎程度的有趣分析表明，最受欢迎的女演员的脸部特征与社会经济运行之间存在系统性的联系。例如，在经济萧条时期，外表成熟的女明星更受青睐。

1960年至2000年之间，研究者对模特的外观与美国经济进行了比较。随着社会和经济条件变得更困难，模特们也变得年龄更大，体重更重，身材更高，腰围更宽。他们的眼睛也较小，身体曲线也较小，胸围、腰围都较小，体重指数也较低。

也许这些外貌更成熟的模特提供了一种安全感。当情况恰好相反时——经济和社会环境一片光明——外貌幼稚的模特变得更受欢迎。

➤ 政治与外貌

每次选举前，我通常喜欢到处张贴选举海报。政治是关于意识形态、信念和对公共事务的热衷。我们对候选人或政党如何投票是基于我们的政治信念，还是其他？

外貌看起来"正确"的政治家是否会比没有"正确"外表的政治家获得更大的政治成功？这个结论是根据一项研究得出的。

在该研究中，实验参与者面对的是许多候选人的照片。仅仅通过看照片，测试对象就能预测每个候选人在实际选举中能不能成功。一个政治人物外表的胜任程度可预测选举结果。

在芬兰进行了另一项有关选举情况的研究，结果表明，候选人更具吸引力的外表使得票数增加了整整15%。

在不到一秒的时间内，我们会基于身体特征得出一个陌生人的能力、智慧、诚实、信誉等方面的结论。对候选人的面部匆匆一瞥就足以让独立而又无知的选民为同一位政治候选人投票。

候选人的外貌对那些立场不坚定的选民具有更强大的意义。这些人会更多地受到政治人物外貌的影响，那些外貌看起来坚强、可信的候选人更受欢迎。

特别是当候选人的其他信息受到限制时，外貌就显得更加重要。在一项研究中，许多人被允许只根据照片判断候选人，而没有候选人的其他任何信息。那些从照片上被认为散发出信誉、同情心和能力的候选人有90%的获胜机会，而其他人则只有10%的获胜机会。

可信度、同理心和能力的评估在很大程度上受到政治候选人吸引力的影响。

实际上，即使是儿童的猜测也非常准确地表明了哪个候选人看上去更"正确"。

因此，政治家需要一个全面、周到的竞选策略来尝试使自己看起来尽可能好，才可以从中受益。同时，我们选民也需要更多地了解外貌刻板印象和其心理机制如何在不同情况下对我们的选择产生影响。

➤ 感情色彩的转移

正确地对待一个处于某种情绪中的同伴，在进化上会有好处。一个暴躁又容易生气的人可能是危险的、可怕的，最好避而远之。

有些人看起来很生气，尽管他们没有生气。其他人看起来很惊讶，即使他们不是这样。我们的面部肌肉具有表现出六种基本情绪的能力：欢乐、恐惧、惊奇、愤怒、厌恶和悲伤。

有时，人们会谈论“面部情绪的相似性”，就是说我们在不同情绪状态下表现出来的面部表情。有些人看起来具有特定的面部表情。

他们可能是天生具有这种面部特征，或者是经常重复某些动作，比如皱眉头、噘嘴，然后留下了痕迹。

当某人的外表符合某种情感特征时，其他人会朝着同一个方向去理解而得出相似的结论。在心理学中，我们称其为感情色彩的转移。

研究表明，男人的脸一般比女人的脸更容易使人联想到生气的表情，女人的脸使人更多地联想到惊喜的表情。西方国家的白种人脸更容易被联想到生气的表情，而非洲黑种人的脸可以使人更多联想到快乐或惊讶的表情。

生气的脸被认为具有低热情和高控制力；表现出悲伤、恐惧或惊讶的人被认为是控制力中等偏低的；面部特征使人联想到快乐的人被认为具有很高的热情和主导地位。通常，孩子们的脸容易使人联想到惊讶和受惊的面部表情。

缩短眼睛和嘴巴之间的垂直距离会使面部看起来更生气，而增加相同的距离会使面部看起来更悲伤。眼睛和嘴巴之间的距离短，会带给人愤怒和支配、操纵和不可靠的印象。

现在，你可能会想，一张天生带着极端愁苦情绪的人一定总是带给人不可靠的印象。是这样吗？

是的，如果你天生具有这样的外表，那么最好从现在开始好好地了解一下。为了营造更好的第一印象，你还可以提醒自己多微笑。你可以在谈话过程中不时地抬起眉毛，以戏剧化的方式减轻"生气时眉毛降低"的传统印象。传递温暖的声音和选择具有积极意义的词汇也会减轻他人对你的不良印象。你也可以用装饰品和颜色来抵消不良印象。

第一印象是关于一切的总和。

只要我们意识到了，就能有效地对自己的缺点进行权衡。

➤ 性别

在决定此人是否可靠、热情或胜任之前，我们通常要做的第一件事是确定这个人的性别。如果我们遇到一个外表上看不出男女的人，但是对方的眉毛降低、嘴唇变紧，我们倾向于认为对方是男的。如果对方眉毛舒展、露出笑脸，那么我们倾向于将对方视为女性。

愤怒的外表与男人、快乐的外表与女人，它们之间的关系是如此紧密，能影响到只要我们看到一个人就会迅速知道并相信对方是男性还是女性。

多年来，一直困扰我的一个想法是：难道这些性别特定的现象不是社会性别歧视的一部分，并加剧了社会性别歧视吗？

➤ 幼稚和成熟的外貌

一些成年人的面相看起来很幼稚，其他人的面部特征相较起来更加成熟。无论哪一个大陆或文化，对幼稚外表的看法都是相同的。

人必须照顾他的后代。我们要保护婴儿和幼儿，他们无法照顾自己，而是依靠我们成年人。我们的感官对与孩子和幼稚有关的外部迹象非常敏感：圆脸、大眼睛、小鼻子。

当接触到这些特征时，它们就会触发我们保护他们的冲动。

即使是六个月大的婴儿，相比那些外观成熟的成年人照片，他们也会更多地去关注具有不成熟外观的成年人的照片，而无论这两个人是否具有同等吸引力且年龄相同。

如果一个成年人具有与孩子相似的特征，我们会认为该个体的知识和能力较弱。他也被认为更友善。

此外，我们还认为他们更顺从、可靠、热情、多愁善感、诚实和天真。

看起来孩子气十足的孩子被认为在智力上也比其他孩子弱。人们跟他们交谈的语速较慢，并且对他们的认知要求较低。在一项研究中，父母们被要求给十一岁的孩子们分配儿童夏令营的任务，孩子气十足的孩子们被分配做三明治的任务，而看上去较成熟的孩子们承担诸如负责营地通讯的任务。

有时，广告行业会使用外貌不成熟的模特来传达诚实的信号。

但是，如果要显示广告消息的权威性，则不应使用外貌不成熟的模特。

➤ 外貌不成熟和招聘

为了调查不成熟外貌是否会影响招聘，有人进行了一项实验。其中有一些是虚拟的、符合招聘要求的求职者。

实验中，根据他们的外貌，研究者建议这些虚构的人担任不同类型的职务。实验参与者认为，那些看起来更孩子气的人非常适合需要热情但权威度和智力要求较低的职业。他们被提议与资格较差的应聘者从事相同的工作。

那些看起来更孩子气的女性通常被赋予需要热情和耐心的专业职位。更高的责任感和领导力外貌与工作类型和收入之间存在一定的联系。

在申请高级职位时，女性和外貌更孩子气的人往往会受到歧视，即招聘者倾向于将拥有这种外貌的人视为知识较少，能力较差，但更诚实。

➤ 吸引力

南希·埃特科夫是《最美的生存》一书的作者，她打电话给模特经纪公司，并问了一个问题："什么是美？"

她得到了答案："那是当有人走进房间，你感觉自己几乎无法呼吸的时候。这种情况不会经常发生。你看不到，也不可言传，只能意会。你在街上遇到了，会情不自禁地回头多看几眼的。"

在这里，"美"被描述为一种感觉，却没有具体的定义。

如果思考一下，我们会发现有很多关于美的词语和表达，它们通常与这种特殊的感觉联系在一起，例如无法呼吸的美、重磅炸弹等等。

自有史开始，人类就对美孜孜不倦地着迷。据信，它提供了通往幸福的天堂或者毁灭的地狱道路。歌手唱出了美的赞歌，诗人和作家写出了不朽的作品；艺术家创作了永恒的艺术品……

很早以前，人类就有了选美比赛。

数学家计算出了美丽面孔的尺寸、比例。美是一个普遍的概念，但似乎很难下定义。它是每个人都很容易理解却难以解释的东西。

有人觉得应该这样表达："当我们看到的时候，我们知道那是什么。"希腊人深信，外在美与内在美之间存在着联系：美的人是善良的。

关于美的诱惑力、危险性或分散性的历史故事有很多，其中有一个希腊神话：

年轻的纳西索斯是河神凯菲索斯的儿子，非常美丽，以至于所有看到他的人都会爱上他并为此感到困扰。问题是他拒绝了所有的爱，包括来自年轻女孩埃科斯的。他爱上了自己的影子。

当纳西索斯在水池中看到自己的脸时，他不知道那是他自己，不可自拔地爱上了，并最终变成了以他的名字命名的花：水仙花。

"蛇蝎美人"这个词来自法国，意为致命女郎。它是传奇般的美丽和真实存在的刻板印象：一个女人利用其美丽的外表和性吸引力实现自己的目标。很多时候，"蛇蝎美人"被认为是在性上欲求不足的女人。

在盎格鲁-撒克逊人的世界中，蛇蝎美人的形象通常或多或少地像吸血鬼一样，当然，这对于一个被耗尽精力、活力和独立性的人来说是非常危险的。

在大多数文化的神话传说中都发现过蛇蝎美人。

当化妆时，我们努力突出某些特征而隐藏其他特征。当我们选择衣服时，批评自己或别人的外表时（短腿、长鼻子、大脚），都表明，我们对于身体美拥有某种形式的理想形象。

我们有一个"美丽模板"，可以将它跟别人的身体进行比较，即使出现很小的偏差也会给自己带来困扰。

美丽模板的一个例子是特殊模特现象。这些模特可以全职工作以显示出完美的身体部位。它可以是一双手、一对脚或完美的背部，比如手模、腿模、乳模。比如某一部电影，它似乎专属于某位著名明星的身体，因为她适合理想的美。

尽管我们并不能够以清晰的文字来表达"美"，但是却倾向于在"美是什么"上达成一致。在全球范围内，似乎没有关于魅力或吸引力的书面协议。

➤ 吸引力的好处

表达这一观点可能政治不正确，但是事实证明，所谓的"美丽"在社会环境中带来了许多好处。有魅力的人在工作考核中被认为比其他人更有利。他们在职业上取得更大的成功，赚更多的钱，并且有更多被招聘入职的机会。

无论性别如何，在收入方面，个人魅力低的人比普通人少，而个人魅力普通的人又比很有个人魅力的人少。

在社会中，有个人魅力的人适应能力更强，性格外向，并且与异性有更多的互动、交流。有个人魅力的人具有更好的社交技能，更容易得到奖励，被认为与他人互动更加积极。跟有魅力的人一起外出时，大家显得更热情、更有力量和更令人兴奋。他们被认为具有更高的活跃度、支配能力、心理健康水平、智慧和社交能力。

这些似乎还不够，有魅力的人还被认为具有更高的领导才能和说服力，并且更受欢迎，有社交天赋，性格外向，心理强大，支配能力强。

他们还被认为可以使其他人更轻松地协作。他们具有更好的身体、自信心、精神状态，更高的人格魅力，积极的自我感知能力，并且感到自己更有能力。具有个人魅力的员工，其所在商店销售情况也更好，有吸引力的模特使广告更具吸引力。

无关性别和年龄，当我们在地铁里看到一个陌生人摔倒了，如果这个人看起来长得不错，我们有更大的可能会去帮助他；而一个长得好看的小偷被举报，被发现的可能性也会比长得不那么好看的同行少。

在一项心理实验中，研究人员填写了一堆大学申请书并将其分别放进信封中。在每一个信封中，他们还附上一张代表申请人的肖像照片。其中一半的信封，他们放置了一个更具吸引力的人的照片，而另一半则放进一个不太吸引人的照片。然后他们带着信封出去，假装申请人不小心"丢失"了申请书。信封被"丢失"在可能被捡到的地方，那些附带了魅力十足的照片的信经常会被寄回来，而那些附带不太吸引人的照片的申请书被寄回来的概率就低了很多。

➤ 吸引力与地位同等

美丽似乎可以使生活更轻松。实际上，我们努力使有魅力的人开心，而又不期望得到任何回报。

对于有魅力的人，我们愿意共享秘密、八卦和个人信息。我们愿意让他们赢得讨论，被他们说服。当我们在街头"狭路相逢"时，愿意为他们而后退一步。

一项研究要求人们参加心理学家的采访。在采访中，一位同事来了，打断了他们的谈话，并带走了这位心理学家。受试者不得不等待心理学家回来。如果被访问的人很有个人魅力，他们在等待3分20秒后就失去了耐心；而个人魅力较弱的人则有耐心得多，他们平均等待了9分钟。在某种程度上，有个人魅力的人似乎认为自己有权获得更好的待遇。

有魅力的人往往在社交环境中会感到更安全，比其他人更自信，更少害怕别人的负面意见。

➤ 自我实现的预言

回想一下你上一次与陌生人通话时的情景。你跟对方只有语音的联系，然后你在心中创建了对方的面貌、形象和个性。你是否知道你和我可能开始采取不同的行动，取决于对方（我们在电话中的人）对我们的看法如何？

研究人员进行了一项实验，允许一个女人和一个男人通话十分钟。男人被要求在这段时间里尝试尽可能多地认识、了解这个女人。每个男人都有一张女人的照片，这样他就有关于电话那头的女人是非常吸引人或不那么吸引人的印象。然而事实上，所有男人都是在与同一个女人说话。

这项研究真正有趣的部分是，女人在和对面那个认为她很有魅力的男人聊天的过程中，她自己的行为在慢慢地发生变化。在通话过程中，她变得更加活跃和自信。

实验者的个性可能正在发生改变。

是的，基于这个结果，人们可能会得出这种看法。

首先，一些研究表明，这种关于吸引力的思考模式早在童年时就开始了。在一项实验中，要求小学老师评估学生的学习成绩。尽管结果是相同的，但教师却将更具吸引力的孩子评为更聪明和更友善。即使是孩子，他们也更喜欢和可爱的孩子做玩伴。孩子们认为有魅力的孩子在社交功能方面更好。这些有魅力的孩子具有许多积极的特征，也像成年人对他们期待的那样有所作为。

那孩子会怎么做呢？好吧，不负众望。

这是一个自我实现预言的典型例子——一个良性的循环。

这些"失真"的现象在成年以后仍然存在。

研究表明，三十岁以下的青少年、青年被认为具有吸引力的男人实际上会获得积极的性格改变，即使在他们不再被认为具有吸引力之后，这种改变仍会持续。即使在五十多岁的时候，他们仍然愿意按照吸引力的成见行事。因此，吸引力的好处可以持续一生，甚至可以超出人们的外表不再有魅力的时候。

我们外部的特征反映了我们的内心，有吸引力的人具有许多积极的特征，那么为什么这些人迟迟达不到别人的期望呢？

有魅力的人可能根本不会更聪明，但是他们会变得更聪明，因为他们的环境期望他们这样做。我们的世界观迟早会内在化。

➤ 光环效应

在上一章中，我介绍了光环效应。光环效应可以看作是神圣的光环，可以照亮其周围的物体。我的积极特征会溢出到我自己的其他特征，使每一个我出现的场合都更加积极。

同时，光环效应也可以使我们的外表焕然一新。如果我外表看起来不错，也会影响到我的其他特征。

此外，吸引力还可能影响到其他人。拥有在身体上很吸引人的伴侣或拥有吸引人的朋友，对于那些陪伴他们的人，也可以带来很多的好处。

➤ 神经美学

神经美学可以被视为是一门证明我们在追求外表的理想化中具有普遍性的科学。这是关于美丽与我们的神经系统之间联系的科学。神经美学是从神经学角度衡量我们对艺术或人类美的反应。

对人类美的反应可能深深扎根于我们的生物学之中，因为我们的反应在文化内部和文化之间，以及成人和儿童之间是如此相似。

大量研究表明，吸引人的东西可以激活大脑的奖励中心。即使一个人的任务不是评估它，而仅仅是确定身份，吸引力也会引起这种反应。换句话说，这是一种自动响应。同样，不同种类的"美丽"会引起不同类型的神经系统反应。美丽的艺术比不那么美丽的艺术产生更大的反应。非抽象艺术比抽象艺术产生更大的反应。

颜色和颜色匹配也与神经美学有关。在颜色方面正确分组是我们认为在美学上令人愉悦的事情。

研究还表明，与更普通的人的面孔相比，高度吸引人（好看）和不吸引人（丑陋）的脸在杏仁核中都激起了更大的活化。诱人的面孔会引发对各种带正电刺激做出响应的大脑区域的激活，而高度诱人的面孔会在对负电刺激产生响应的区域中产生反应。

婴儿脸比成人脸更容易激起杏仁核产生更大的反应。当我们将有孩子外观的成年人与有成熟外观的成年人进行比较时，也会发生同样的现象。

➤ 吸引力是什么

在心理实验中，我们经常对身体和面部进行单独研究，但是在现实生活中，我们会同时面对这两个方面。当两个人见面时，他们会首先辨别身体的形状和比例，然后辨别面部。一项经典研究表明，十分之九的人认为面部表情可以反映一个人的性格。

人们通常会同意我们认为哪张脸是漂亮的——当看到一张漂亮的脸时，我们就会认出它，但是是什么使一张脸变得美丽却并不是那么确定。是否有一些数学公式可以套用？或者美就像艺术品一样，更多地基于个人的见解和品位？

研究发现，我们需要四个变量来感知人脸的美丽：

1. 平均值

如果通过计算机程序将大量人脸合并，我们将获得"理想的面孔"，事实上，我们认为的漂亮面孔也是最普通的面孔，并具有一定的理想比例。

最早发现这种现象的人之一是查尔斯·达尔文的堂兄弗朗西斯·高尔顿爵士。

他有一个假设，即特定人群具有特定特征。他对此进行了调查研究，并创建了面部表情合成图，一组是犯罪分子的，一组是素食主义者的。现实中是否真正的存在素食主义者或者犯罪分子的典型面孔呢？

他将大量照片叠放到第二张脸孔照片中，发现合并后的脸孔看起来比单独脸孔更漂亮。

然后，其他研究人员系统地研究了吸引力在数学上如何随着有贡献的脸孔数量而增加。

有人会想知道是什么使一张普通的脸变得有吸引力。科学家认为，这与这张脸成为某一类人脸的原型有关。我们喜欢它是因为感觉它很熟悉。这适用于所有文化和种族。与来自其他种族的人相比，与你属于同一种族的人通常被认为更具吸引力，因为大家更熟悉。

古希腊人认为，美丽的面孔具有一定的比例，因为人的审美偏好起源于数学。这种比例现在被定义为黄金分割或黄金比例。0.618是确切数值。黄金分割是指将整体一分为二，较大部分与整体的比值等于小部分与较大部分的比值。其比值约为0.618。这个比例被公认为是最能引起美感的比例，因此被称为黄金分割。是可以实现"完美"的数值。

黄金分割在自然界被发现了很多次，被建筑师用来创造令人赏心悦目的房屋和环境。甚至在文艺复兴时期，达·芬奇制作人脸艺术时，也喜欢从黄金分割点开始。

2. 对称性

所谓完美对称脸，即左、右半脸相同或非常相似，很少有人有这样的面孔。我们的左、右半脸不是彼此的镜像。

原则上，玛丽莲·梦露总是让人从她的右边拍摄照片，据说爱德华八世国王则更愿意露出他的左脸，以至于他反对使用已经印制的硬币，因为上面印制的是"错误"的一半的脸。

一个有趣的现象是，习惯于照镜子的人更喜欢从"错误"的方向看自己的脸，如果从另一侧看，就会感觉很奇怪。

面部的对称性已被证明是使面部更具吸引力的因素之一，但是，将平均性作为一种特质更为重要和关键。与婴儿相关的研究表明，儿童更喜欢普通面孔而不是对称面孔。换句话说，对称性与吸引力有关，但不是必需的。此外，非常吸引人的面孔并非在所有情况下都完全对称。很难理解，对吗？

3. 性别差异

数字上平均的面孔很诱人。但美丽的面孔可能会由于性别差异而导致特征与平均水平有很大出入。

在青春期，男孩的下巴通常更宽，女孩的眼睛、嘴唇和脸颊骨通常更大。女性雌激素产生一种外观，而男性睾丸激素产生另一种外观。

少数面孔被认为比普通面孔更具吸引力，而正是这些面孔强烈地表达了性别差异。

在迪士尼动画片中，这些性别特质经常被夸大。女孩、公主、仙女经常有大眼睛、丰满的嘴唇、脸颊骨高、苗条的腰和浓密的长发。

王子、英雄和其他角色都有宽下巴和 V 型上半身。确实，这些外观对现实生活中的人来说看起来很怪异。

4. 年轻化

这是四个变量中的最后一个，在它们共同的作用下，能让一个人的脸看起来更有吸引力。

除其他特征外，年轻感还体现在光滑的皮肤和清澈的眼神上。

这些年轻的外表之所以被认为是美丽的，也与生育和繁殖能力有关。

从生物学上来说，我们年轻时比年老时的生育能力更强。尽管大多数人都同意青春的外观会增加吸引力，但是科学研究已经发现，此特征并不被认为是具有吸引力的必要条件。

➤ 身高的意义

修长、冷酷、英俊，我们经常被告知一个男人应该是这样的。在动物界，占主导地位的动物往往是体型最大的。

美国大公司的首席执行官中，一半以上的人身高超过183厘米，只有3%的人身高不超过174厘米。

显然，我们不仅在寻找能够胜任这份工作的人，还在寻找能够树立领导者形象的人，以及值得期待的人。

在一项研究中，公司招聘人员被要求在两个求职者之间进行选择，这两个求职者除了身高不同外，其他方面都差不多。一个高186厘米，另一个高168厘米，多达72%的招聘人员选择了更高的求职者。

预测总统大选获胜者的最简单方法就是对身高更高的候选人进行押注。1900—2011年，共举行了28届总统大选，其中的18届当选者更高，有8届当选者则较矮，2届与落选者一样高。平均而言，当选者比落选者高2.5厘米。身高和政治成功之间的联系是显而易见的。

为什么身高对领导者很重要？

一项从2011年开始的研究表明，高个子比矮个子在地位、声望和领导力方面更具优势。

我们不知道为什么会这样。

如果从进化心理学的角度来看它，可以预测，高个子的人会被认为更像领导者，因为他们被认为更具统治力、更健康和更聪明。

在远古时代，拥有强壮体格和令人印象深刻的身体可能已成为重要的领导才能——尤其是对于男人而言，因为成为领导者会带来更多的危险。

通过改变有关身材和身高的信息，可以影响人们对领导才能的感知。男女都适用于此，特别是男性。

256名试验参与者被允许查看领导人的照片并评估其领导才能。参与者们都见到了同一位领导者的照片，但对其中一半的人而言，这个领导者被描绘成个子不高，另一半则被描绘成个子很高。对被描绘成高个子的领导照片的人，大多数参与者都认为他具有更好的领导才能。

为什么实验参与者更喜欢由更高的人领导？我们的这种偏爱可能与生存有关。在危险的古代环境中，一个群体的领导人可能是生与死之间的决定性因素。

在征婚启事中，高个子的男性也会得到更多反馈，但一个高个子的女性不会得到同样多的反馈。高个子的孩子被认为好像他们比实际年龄大。高个子就像非常美丽的人一样引人注目，并且容易被记住。一些研究还表明，身高与收入之间存在联系，高个子的收入多于矮个子。高个子，尤其是男性，可以弥补学习成绩的不足。高个子的男性更有可能做到公司的高层。在一幅肖像照片中，如果他被描绘成高个子男人，通常比他被描绘成矮个子男人被认为对他人更具吸引力。

实际上，我们认为男人越高，运动能力就越强，也更酷，外形更吸引人，并且具有更高的专业地位。

高的人也会使我们保持更远的距离。当你要求人们接近一个陌生人并与其保持尽可能近的距离，在你仍然感到舒适的情况下，你会发现，跟一个更高的人在一起，你与他的平均距离会更大。即使是看起来友善的高个子，其舒适距离也比其他人更大。

当矮个子的男人强悍时，他们被指有"拿破仑情结"：通过过度使用权力来弥补身高愿望的不足。伊恩拉·弗莱明在谈到邦德电影时说："邦德一直不信任矮个子男人，他们伴随着自卑长大，他们一直都在努力奋斗以求自己变得比那些小时候嘲笑他们的人更强大。"

因此，无论我们的身高是否足够高，我们总是幻想变得更高，这一点也就不足为奇了。

➤ 男人和身材

当美国的动作玩偶"特种部队"于1964年首次成功推出，他们看上去像一组训练有素但很正常的人。三十年后，他们已转变为一个远非人类的人物。1998年，他们的肱二头肌比腰还粗。如果有人能想象把特种部队扩大到真人大小，那他们的上臂会比最健壮的健美运动员还大。

最吸引人的男性上身应该是V形——宽阔的肩膀，与腰部和臀部呈锥形。

不管男人和女人都认为男人的肩膀狭窄，腹部、背部和臀部较宽没有吸引力。

当高加索居民和日本男生被问到对自己的体形是否满意时，每个人都希望自己变得更大，除了臀部和腰部。

➤ 女人与体形

玛丽莲·梦露，0.63；波拉·德瑞克，0.65；索菲亚·罗兰，0.63；碧姬·芭铎，0.57；伊丽莎白·泰勒，0.58。我说的是腰臀比，即腰部和臀部之间的比例。如果这一比例低，被认为是非常有吸引力的。

为了这个比例，很多女性受尽了折磨，有人甚至因此丧生。许多人试图通过紧身胸衣、皮带、臀部填充物来降低比例。

比例为0.54的芭比娃娃不是真正的腰臀比——毕竟她不是人类。

➤ 豪放风格

在一项研究中，许多人看到了一个有魅力的女人。她的着装从豪放风格到商务正装不等。她还以不同的方式展示自己，从中层领导到接待员。

当她被任命为经理并穿着豪放风格的衣服时，实验参与者倾向于对她的看法更加消极。她被认为没有能力做生意。但是，当穿着相同服装作为公司的接待员出现时，就没有那么多的消极看法出现。没有人认为接待员的能力不足。在其他研究中也发现了类似的判断。

这些结果意味着什么？对于经理而言，豪放风格的服装是否给人负面印象？

答案可能就在这里：一个人呈现或被呈现得越性感——不管女人或者男人——我们越倾向于物化他们。反过来，物化的个人被认为能力较弱，在很大程度上被认为智商不足和个性不足。

着装暴露的图片甚至会影响我们如何看待他人——这也是一种光环效应。当一个实验中的参与者接触到具有色情意味的照片后，他们对实验负责人——穿着整齐的女性——看法也会变得更加消极。

➤ 对比效果

想象一下，你正在参加一场社交聚会，并且正在与一个有魅力的陌生人交谈。一个更具魅力的人走进了房间。很有可能出现的情况是，你会发现与之交谈的人与以前相比魅力减少了。这种现象称为对比效果。

在孔雀鱼中，雄鱼喜欢被跟自己比没有优势的雄鱼包围。研究人员为了更详细地研究鱼的行为而进行了一项调查，允许一些雄鱼在雌鱼附近，或者隔着看不见的障碍物自由地游泳，例如玻璃。而其他作为被观察对象的雄鱼离得远一点儿，但可以看到。

这些作为被观察对象的雄鱼被雌鱼附近的雄鱼认为是不受欢迎的，不然"为什么它们要游得离雌鱼那么远呢"？

后来，将被观察对象的雄鱼置于相同的水中，并长时间、近距离与"贵族"雄鱼待在一起。也许它们希望当自己在高贵的雄鱼旁边时，会显得更加有趣。

甚至我们人类也会判断彼此之间的关系。一直盯着有非凡魅力面孔的照片的人们表现出减少与普通魅力的人们相遇的意愿。这是否意味着我们看到的经过PS和润色的人像越多，我们日常体验到的平凡的"史文森身体（指普通瑞典人）"就越糟？

也可能是人们在日常生活中试图影响周围环境中的其他人，以使自己的日子更美好？

➤ 就像我一样

一个陌生人就是一个陌生人。但是，如果这个陌生人的容貌与你的相貌看起来有些相像，那么你对这个人的可信度可能会和与你看起来不像时有所不同。

在一项研究中，实验者已经对照片的外貌进行了修饰，使其变得与观看者大致相似。当照片上陌生人的脸与观看者相似时，这个人被认为可信度更高，儿童也是如此。

一些研究表明，如果异性的外貌看起来和自己很像，我们就不会被吸引。但另一项研究表明，"夫妻相"的概念是有道理的。

在一项研究中，被电脑修饰过的总统候选人的相貌与实验参与者的相貌相似，参与者对与自己相貌相似的候选人表现出强烈的偏爱。2004年，有一群独立的选民——他们对计划投票选出哪位候选人没有明确的立场——当面对总统候选人约翰·克里和乔治·布什的照片时，他们中的大多数优先选择那个相貌与自己的相貌特征相似的总统候选人，而不是那个相貌特征与自己不相似的。在2008年的选举中，也做了同样的假设实验，结果证实也是这样的。

确实，现在有机会量身定制整个政治竞选活动，通过微妙地改变竞选海报上候选人的相貌特征等，来模仿、迎合某些特定的人群。

你可能认为这涉嫌操纵民意，但该技术是存在的，并且不仅仅限于静止的图像。

➤ 声望

在工作中，丽莎是个好女孩你们总是在咖啡厅里过得很开心。弗兰克和亚当都对她感兴趣。老实说，即使在工作中，你也没有与丽莎经常打交道的机会。你敢不敢问她哪天下班后可以一起去喝一杯？

如果别人认为一个人是理想的，那也是对他的一种好的肯定信号。他人对某人作为潜在伙伴的吸引力的评估与对此人的能力和素质的客观评估一样有力。

因此，你可能想邀请丽莎约会，这可能不仅与她的同情人格有关，也与弗兰克和亚当看起来都喜欢她的事实有关，这会影响你对她的感觉。

➤ 亲切感

如果我们喜欢一个人，也会欣赏这个人的方方面面。

现实中，有一些研究人员，让一位指导学生的老师交替扮演热情和友好，冷漠和疏远。当老师以更平易近人的方式管理时，学生们会将老师的身体评价为更有魅力；当老师的行为冷淡而疏远时，只有三分之一的学生认为老师的外表很吸引人。

被描述为善良的人通常被认为具有更大的眼睛、更短的鼻子、更丰满的嘴唇和更光滑的皮肤。

一些研究人员还认为，我们认为最有吸引力的面孔属于那些我们认为最能满足我们的社会目标的人。例如，那些寻求找到别人来让自己统治或保护的人可能更喜欢具有孩子气特征的伴侣。反过来，那些想要得到照料或保护的人会更喜欢对方具有成熟的外表。

在一些研究中获得了这一理论的证据。在该研究中，那些成功男人更喜欢与拥有孩子般外表的女人约会；情绪消极的男人更喜欢表面阳光积极的对象。

➤ 有什么可以做的吗

总而言之，我们惊讶地发现，在同一文化中或者在不同文化之间，谁具有吸引力、谁没有吸引力，意见是一致的。魅力对男人、女人、成人和儿童都具有同等的好处。

阅读本章时，你可能会觉得外貌根本不是我们自己能够掌控的东西，当我们看到它时，感觉好像没有什么可以做的——没有建议、技巧或好的点子可以共享。

但是，这当然是不正确的。

每天，你和我或多或少都自觉地对我们的外表做很多事情。这在感知研究中被称为外观操纵。

以下各章将重点讨论有关他人对你的印象与外貌如何评价，以及你该如何考虑自己的外貌。

Chapter **12** 成功的穿衣之道

据说喜剧演员乔·E.布朗曾经说过，开口宣称的富有都不是真的富有，但衣着却能让我们独树一帜，传达出我们想要传达的一切。大多数人早上起来都会考虑该穿什么。我们会洗脸、刮胡子、化妆、整理头发。毫无疑问，我们很在意外表。同样，毫无疑问，外表也会影响别人对我们的看法。然而，外表是否在更深层次上影响我们的福祉呢？

　　你将在这一章了解到，如何用服饰作为强大的沟通工具。所以，请把衣服看得和说的话一样重要——外表就是交流。

2006年8月27日傍晚，我和丈夫亚历克斯一直在南泰利耶拜访朋友。

当我们想回家的时候下雨了，走出朋友家的门廊时，雨下得很大了！

我把随身带的笔记本和手机都放进外套里，蹲下，开始向停在几米外的汽车小跑过去。我最后的记忆停留在这里。

醒来时，我头靠在亚历克斯的膝盖上，人躺在地上。我径直撞向一根金属棒，撞到了额头，摔倒并昏过去了。在这次事故中，我也撞到了后脑勺。

有人叫来了一辆救护车，一个女人正尝试按摩我的脚。另一个人敦促其他人不要靠近我，因为我的脖子或脊椎可能受伤了。

我被救护车送到南泰利耶医院，他们以为我受到了轻微的脑震荡。但是很突然，一辆新的救护车匆匆忙忙又来了，把我送进了卡罗林斯卡医院的ICU（重症监护室）。

显然，我不是脑震荡，而是有两处颅骨骨折并出血。

长话短说：在卡罗林斯卡医院，我进了重症监护室，但很快又来到了丹德吕德市医院的脑损伤康复中心，在之后的好几个月，我在那里练习如何开始自己的新生活。

我每天素面朝天，穿着医院的衣服，顶着一个爆炸头，这让我感觉很不舒服。

当我变得更有活力时，我意识到自己已经度过了一段不平常的日子，并开始把丹德吕德市医院当作自己的小家。

我请家人从家里带衣服给我。事实是，当我以这种微不足道的方式改变自己的外表时，我对自己的感觉更好，更有活力，也更健康了。我仍然遇到很多问题，但是我的外表在影响我的内心。

我们大多数人都会在早上考虑今天穿什么衣服。我们洗脸、刮胡子或修饰胡须，化妆，梳头并做发型。毫无疑问，我们热衷于外表，但是我们的外表是否会在更深层次上影响我们的健康？

伊利诺伊州的研究人员决定对此进行调查。当时的想法是，外表可能会影响幸福感——就像我在医院里所做的那样。但是，这些研究人员得到的结果却是，那些婚姻幸福、感觉良好的人在做的更多的似乎是"看起来像他们最好的自己"。如果我们对生活普遍感到满意，也会更喜欢自己的外表。只有当我们患有疾病时，才会完全忽略自己的外表。

衣服既向我们周围的世界传达了我们自己，也把我们自己传达给外面的世界。

如果自己打扮得整整齐齐，我们就会眉舒目展，昂首挺胸，并给人留下更自信的印象。

有趣的是，服装似乎也改变了我们看待世界的方式。

加利福尼亚州立大学心理学教授亚伯拉罕·鲁特奇克在研究后表示，正装会使我们从更大的视野和整体的角度进行思考，而不是局限在狭窄的细节上。

因此，穿上西装，我们的思维会更抽象、更宏观。其原因在于，着正装的我们会比着便装的我们看起来更有影响力、更威武、更有力量。

另一项研究表明，如果我们穿上公认的属于医生标配的白大褂，会变得更加专心。但如果我们被告知同一件白大褂属于一个画家，则不会发生这种效果。

➤ 审美能力

审美能力的概念是在2005年提出的，它与我们在专业领域的着装和外观有关。审美能力高也可以被视为很好地适应了现有的服装和外观规范。

伊夫·圣洛朗说："时尚褪色，风格永恒。"

但什么是风格？

卡米拉·图林在她的《风格》一书中写道："风格是一个具有多种含义的概念……所有风格、外观和服饰都是设计的一种形式，换句话说就是服装。"

因此，无论你的选择看起来像什么，通常都是根据一种当前普遍的规范而进行的。

时尚新闻记者苏珊勒认为，风格与态度有关。

古罗马哲学家爱比克泰德用自己的方式表达了这一点："先了解自己，然后穿合适的衣服。"

但是了解这种风格并不容易。我们并不总是知道怎么穿着打扮最适合自己，以及如何将服装、颜色、发型、妆容结合起来。

正如我们已经指出的那样，我们每个人都不会对自己外表上的所有方面感到百分之百满意，但是服装可以帮助我们塑造良好的印象。

➤ 时尚

过去描绘国王和其他人时，衣服是用来传达力量和权威的。

今天，服装已成为我们语言的一部分——许多人都可以使用这种语言。

关于时尚的出现时间，历史学家们可以追溯到13世纪的欧洲。

在那之前，几代人都穿着看起来类型相同的衣服，只有很小的调整，差别微乎其微。

纳芙蒂蒂和埃及艳后生活的年代即使相隔1000年，她们也穿着类似的衣服。

从历史上看，男装一直受到军队的启发，并且一直如此。

时尚确实意味着方式、形状、节奏、尺寸、界限：与时代的节奏和品味相称的东西——现代的东西。

喜剧演员乔·布朗说，如果你必须告诉人们你有钱，但不想直接说出来，而有了服装，我们就有独特的机会传达自己想要的一切。

通过衣服传达信息可以被视为一种便捷的方式，得以向外界告知我们是谁以及我们做什么工作。

我们可以传达自己的音乐品味、性取向、生活方式和个性风格。

衣服可以作为一种展示或介绍我们的方式而促进社交会见：它们提供了我们的身份信息。

我们根据他人所穿的衣服和配饰来判断他们，并且我们自己经常需要穿着适合于相应情景的服装，例如在工作场所、在学校或者和朋友一起。

衣服还会使他人对我们采取不同的行动，并可以给我们带来影响。

➤ 制服

穿制服会增加你让别人为你做自己想要做的事情的机会。

在一项研究中，让在公共汽车站等车的人按要求帮忙捡起地上的垃圾。

要求人们帮忙捡垃圾的人第一次穿着普通的日常衣服；第二次，这个人穿着制服。

穿制服的时候明显感觉到人们在更大程度上愿意按其要求捡起地上的垃圾。

制服增加了人的影响力并创造了权威的印象。

穿着制服也会影响到自己的思想和情感。穿着制服的人会认同与制服相关联的价值观和行为。

那些穿着制服的人在很大程度上已经达到了让人们认可这些人可以实施通常认为是残酷的行为。比如警察、城管。

衣服上其他不那么引人注目的相似之处也影响着我们：我们对穿着和自己相似的衣服的人更加信任。例如，足球队的团队归属感可以通过穿着相似的球服来创造和增加。

公司制服还可以使员工更容易维护组织的共同目标。

与此同时，制服通过将个人与公司紧密联系在一起，这也会造成一种负面影响。例如当一个员工犯了一个错误，会给公司带来更大的打击。

根据马斯洛需求层次理论，让我们感到自己属于某个团队也是一项基本需求。工作场所的着装要求使员工更容易进入角色，甚至减少了在工作场所遭受欺凌的风险。

➤ 服装和影响力

我们从小就开始渴望被外界接受和认可。人们很少会突兀地去寻求某种声望或者社会地位，更多地是寻求提高自身的品味。你不想被嘲笑，但你也不想自吹自擂。其他人应该宁愿只想了解你是"某人"。但是为什么我们会有这种需要呢？

答案之一是社会地位可以带来好处，在不同的情况下你会得到优先考虑。地位简单地表达为个人的真实资产。

事实证明，我们人类也珍视与我们认为具有很高地位的人的友谊和感情，并准备好为此付出代价。

我们可以通过不同的方式来传达状态和可靠性，服装是其中之一。

➤ 正式或非正式的衣服

衣服可以或多或少是正式的。与非正式服装相比，正式服装会让我们被认为是更聪明，更受控和可信。但与此同时，我们也会被认为不活泼，不够有趣。

服装的合身性也很重要。

如果你穿着量身定制的服装，意味着其他人会觉得你更加自信、成功、灵活和高薪。

在面试中，穿着男性化或当季的服装（夹克或背心），会增加应聘成功的可能性。

研究表明，人们是高度认同可以从外部判断一个人的内在的说法的。例如，一个穿着整齐并整洁的人，被认为是既外向又认真的。

在瑞典南部一家银行进行的一项研究中，研究者采访了与该银行有联系的客户。顾客被问到对员工上班时的穿着的看法，与较普通的衣服相比，大多数人更喜欢正式的衣服。顾客感觉到，更正式的服装会给人一种严肃和自信的感觉。

连精神病患者都偏爱穿着正式服装的医生。

在另一项研究中，研究者调查了一些会计师如何看待自己的服装以适应顾客的需求。研究过程中，让这些会计师每天穿得更随便，更生活化。慢慢地，客户开始对他们失去了信任，并要求"真正的"会计师来接待。

穿着西装的人比穿着非正式服装的人更常被视为领导者。这些人也常常被认为"等级"更高，尤其是在穿着日常的人旁边。

所以，你和我怎么穿着打扮对我们都至关重要。如果我们被放在一起作比较的话，则更加重要。

越正式的穿着，可能越获利；而随便的穿着，可能会产生不好的后果。尤其是当你处在一个领导者的岗位上，穿着随便容易受到质疑。

当然，这种影响也可能有特例。例如苹果公司创始人史蒂夫·乔布斯，他基本上每天都穿POLO衫和牛仔裤。但这可能是因为他已经非常成功了吧？如果偏差太大，则可能会冒险。通过在外观上标记"我不是其中一员"，会增加不被招募或错过交易的风险。

你的着装和你说的话一样重要——外观就是沟通。

我们不断发出信号。在工作和生活中，如果穿着打扮给外界传递的信息有可能给我们带来机会，决定我们的命运，我们为什么不重视呢？

➤ 领导者的服装

穿着越正式的服装或者西装，我们获得的权力可能就越多。配有领带的紧身西装跟制服差不多。

作家兼演说家拉尔斯·霍尔姆伯格认为，由于西装与制服的历史渊源，西装充满了权力观念。领带是一个符号，喻示着佩戴者没有从事体力劳动。

领带本身可以根据宽度、长度、颜色、样式和不同的打结方式而变化。所有这些细节构成一个整体，而且每个细节都非常重要。

一个领导者还应该在他的衣柜中添加"秘密武器"：某些使领导者脱颖而出并具有个人风格的服饰，例如可以让人耳目一新或兴奋的颜色，或图案的领带。

但是女性领导者是否需要模仿男性领导者才能被重视？

我们是否认为男女平等等于妇女应在风格和外表上照搬男人的事实？

实际上，女领导人拥有更多选择。

女性可以通过其他更多方式传达权威，比如穿上正装并精心挑选配件。

拉尔斯·霍尔姆伯格谈到使用战略象征主义来辐射力量和影响力，还谈到象征主义的层次。在这个层次上，女人可以表明她与男人不同，以便进一步从中受益并获得权力。

大量珠宝或大披肩等装饰品不会增加权力感，不太醒目的衣服、颜色或图案也不会。相比之下，材料的质量和裁剪的功夫是我们应努力追求的目标。

对于男人和女人来说，深色都显得更加专制。暗淡的颜色经常使用而易于组合，尽管可能比鲜艳的颜色平淡，但显然人们可以用一种基色，比如红色或者其他细节修饰来搭配它。这可能成为你的秘密武器。

■ 突出还是融合？

关于我们是否应该努力脱颖而出还是融入其中的问题答案是：看情况。

当然，我们应该继续保持独特的个性，但是在专业领域，如果其他人的重点不在我们的专业或能力上，那这样可能是不好的。因此，如果仅出于此目的而坚持突出自己并不是一个好主意。

另一方面，如果你在专业上无与伦比且能坚持下去，那就是另一回事。你会成为最好的自我，也会成为他人的榜样。

➤ 客户会议

有些时候，很多人可能会认为"他们应该接受这样的我，我不想特意怎样去做"。我们那时候可能很少会想到"人靠衣装"，人可貌相。

　　有时候可能会穿着不合适的衣服参加会议、会见，这会让人家觉得我们不够认真。

　　服装关系到对具体情况和人的尊重，着装要考虑到适合不同的场景。

　　有时，这还可能与寻找创意或信任之间的平衡有关。

■　**着装正确**

　　优先选择正式服装。如果你不确定着装要求，则倾向于选择正式的服装，而不是非正式的服装。一切为了更好的沟通，你可以这样做：

　　◎宁愿考虑经典风格而不是流行趋势。

　　◎根据环境、客户和工作场所的不同而选择不同的服装，这是照顾和尊重客户。

　　◎寻找能给你带来启发的领导者。谷歌搜索、寻找榜样，或在网络中寻找穿着考究的人。

　　◎紧跟潮流，但敢于与众不同。表明你掌握了该潮流，但你又能得心应手地使用潮流。如果你能在人群中脱颖而出，会被更好地记得，而不是人潮中的芸芸众生。

　　◎购买更少的服装，但质量更高。

➤ **颜色**

　　你是否不止一次在感觉良好的时候却被问道："你累了吗？"或者当你睡眠不佳，感到慵懒的时候，有人却赞美你看起来很不错？

答案可能取决于你穿的颜色——是否适合你。我们穿着的颜色要与肤色、头发和眼睛相协调。

如果我们知道并掌握了相关知识，买衣服就会变得容易得多，我们可以迅速决定哪种颜色组合、怎么搭配最适合我们。

当我们知道自己穿的衣服使自己看起来最有代表性时，会更加自信。

颜色选择也是一种心理学。柔和、鲜艳的色彩使我们看起来更友善，平易近人；红色使我们看起来更加自信。

根据经典颜色理论，基本颜色是红色、黄色、绿色和蓝色。在某些学校中，只提到三种基本颜色：三原色。绿色不算，因为绿色是合成的颜色。我们所说的粉红色、紫色、绿松石色和橙色也不是原色，而是合成色！

人们经常谈论颜色的三个特征：色调、亮度和强度（有时称为饱和度）。色调可以是暖色或冷色的底色，暖红色是橙红色加一点儿蓝色，而梅红色则是红色系中比较偏冷的一种颜色；颜色的亮度（浅或深的程度）可以用0到10的比例来描述；饱和度表达了颜色的清晰度。

有些颜色鲜艳、生动、明亮，而有的则柔和一些，倾向于吸收光线而不是反射光线。

尽管色彩体验是个人看法，但还是有些共同的东西，例如黄色和红色给我们带来温暖和光明的感觉，蓝色让人感到寒意。

黑色与权力、权威息息相关，但也与邪恶、威胁息息相关。在体育运动中，有人发现和黑色相关的有趣的心理影响：如果我们的团队服装为黑色，就会变得更具攻击性。

传统上，黑色与警察、军人、神职人员和司法机构有关，这也是让人悲伤的颜色。

颜色也会影响工作表现和结果。染成红色的颜色会激活大脑，可能会增加工作节奏和提高效率，但错误和工伤也在增加。红色的衣服还表现出性感；红色是温暖的，是一种爱的色彩，展现了力量。

红色和黑色让我们被认为更有魅力。

绿色和蓝色具有镇定效果，因此可以提供更高质量的条件。

如果我们穿蓝色衣服，那么与红色衣服相比，会被认为更能干和穿着得体；如果我们穿着夹克，与不穿它相比，也有同样的效果。

许多保安的制服都为棕色，因为这样会散发出自信；而医生的制服上则为白色，表示可靠和卫生。

当政客们犯错误的时候，会选择什么颜色？白色象征着纯洁与纯真。

我们是否可以使用足够的颜色来传达自己的个性或强调个人的专业？

➤ 鞋子

鞋子会影响我们是否感到舒适和满足，以及是否可以完全享受聚会或工作日。

一款非常合脚且漂亮的鞋子可以使你的整体感觉更好，并可以使你整体外观独具一格。那你了解自己的脚吗？你是否找到了让你舒适的鞋子？

重要的是要处理衣服和身体的其余部分。

➤ 意识

你对与服装有关的心理机制了解得越多，将越了解，也会更自觉地知道你要对外表达什么。

有了这些知识，你就可以在如何对周围环境留下良好的印象上迈出更靠近的一步，并从他人对你的判断自动固化刻板印象上远离了一步。

作者理查德·普洛德向我们提出了以下问题："这穿着适合你吗？这穿着适合现场情况吗？这穿着是否适合彼此？"

带着这些问题，我们进入下一章。下一章将探讨不同的行为方式。

Chapter **13** 看起来好多了

化妆使我们找伴侣更轻松，化了妆的女服务员比不化妆的得到的小费更多。据说拿破仑会见俄国沙皇亚历山大商讨欧洲政治时，讨论的话题是治疗秃顶的方法。同样，医院里的病人化妆后，会更添自信，参加社交活动也更频繁。

我们的外表同样影响着自己和身边的人。我们每天都对自己的外表很上心。研究人员表示，想变得美丽，这本身就是合理的、合乎逻辑的进化目标。我们在动物世界中，也发现了同样关心外貌的现象。追求异性的问题变得突出时，外表好坏就显得尤为重要。

本章会告诉你胡子、头发、化妆、眼镜和其他外表特征将如何影响别人对你的印象；你又该如何在重大会面场合中运用这些知识。

"别恨我，因为我很漂亮。"然后，一个洗发水营销活动的主题缓缓升起……

实际上，敦促观众不要讨厌这个女人，结果往往恰恰相反。

谁会想到去讨厌她？

广告想表达出我们应该嫉妒她，甚至恨她，因为与模特不同，我们并不漂亮。遗憾的现实可以理解。但是，如果我们购买了广告中的洗发水，这一切便迎刃而解：你也变漂亮了！

➤ 化妆品的历史

在古代文学中，化妆品或多或少是负面的。已经发现希腊妇女的陪葬品中有化妆容器。从埃及的考古发掘中也发现了香精油、润发油、假发、睫毛、口红和胭脂。

在希腊克诺索斯岛，发现了眼睛、脸颊和嘴唇明显化过妆的女性形象。和男性相比，女性具有一个有趣而独有的特征是她们在努力争取洁白的脸庞、胸部和手臂。皮肤越白，表明你没有在户外进行体力劳动的信号越强。

生产者使用了有毒的铅白色。胭脂使用的铅丹是强烈的橘红色，后来使用的朱砂也可以使嘴唇变色。

埃及人富有戏剧性的夸张眼妆是众所周知的。用于眼部的化妆所使用的产品有方铅矿、孔雀石，以及蜂蜡、树脂等。有时，他们甚至用锑溶液做睫毛膏，这会使眼睛看起来更大。

原则上，所有社会阶层都使用化妆品。

想要得到其他男人照料的男人会将铅白色涂抹在皮肤上，将红色铅涂抹在嘴唇和脸颊上。

长期以来，皮肤白皙都是上层社会的标志。

考虑到所使用的化妆品都含有有毒成分，在十六世纪及以后的几个世纪中，由于使用化妆品而屡屡中毒的现象就不足为奇了！一些制剂还会使牙齿变黑，导致脱发并渗透到皮肤中。

但是化妆能让人看起来与众不同。

在1890年代，化妆的使用从剧院场景扩展到资产阶级，从而复制了演员们彩绘眼睛和涂抹颧骨的化妆方式。

一些男人带有以下动机希望女性尽可能地减少化妆："诚实的女人不会虚荣，也不会试图通过隐藏自己的真实外貌或年龄来诱惑男人。"

但是，这些观点并没有影响绝大多数的妇女。

护肤霜也长期被用作化妆品。

赫莲娜·鲁宾斯坦和伊丽莎白·雅顿在二十世纪初期创建的公司，是护肤领域的两个重要品牌。

1914年，赫莲娜·鲁宾斯坦在四个国家创立了五种美容美发产品，并推出了一系列护肤产品。当时增色的彩妆产品只占很小一部分市场，主要流行在欧美各大城市。

第一次世界大战之前，很少有瑞典人使用化妆品。大概在1914年，瑞典开始有少量生产的眉笔、唇膏和胭脂。

在发现并且发生了许多中毒和过敏反应后，许多人或多或少地对染发剂和染发粉开始表示怀疑。

在欧洲，长期以来，水资源的使用是稀罕的、珍贵的。即使只是用水洗手、洗脚，很多人也没有这条件。肥皂也是在自家的厨房里制作的。

在巴黎，1860年左右开始建成水处理系统，然后开始了肥皂工业。现在，肮脏和难闻的气味意味着你属于下层阶级。

在1920年代，美国美容市场爆发了。那时已经确立了闻到良好气味和看起来很干净的社会意义。

1917年，出现了一种新形式的睫毛膏"美宝莲管状睫毛膏"，成为第一批日常使用的现代眼部化妆品。四年后出现了第一支旋转唇膏。

在1930年代，化妆品被广泛接受，成为一种无阶级现象的广泛使用产品。同时，更加多元化和多民族的美容理想开始传播。

格雷塔·嘉宝被誉为"1930年代对美容理想影响最大的女人"。其他人则称她为世纪美丽偶像，并且是整个二十世纪改变女性观念的人。

二十世纪初期，假发制造商蜜丝佛陀先生在好莱坞成立了一家化妆品公司，并为剧院开发粉底。1930年代，他为"普通女性"创建了一个化妆系列，沙龙也同时在伦敦和洛杉矶开业。

在1940年代后期，约90%的美国女性使用口红，其中三分之二使用胭脂。

英国及其政府由于已经决定不再将美容产品视为奢侈品，因此化妆品的使用范围也越来越广。

同时，对美容行业的批评也屡见不鲜。批评者说，女性被迫归入某些人造美容模板中。但是，是什么让我们愿意为美容产品付费，甚至有时会支付堪称大笔的费用，即使当这些盒子、罐子里的东西的价值只能对应我们所支付的一部分？因为当购买"美丽"时，我们经常购买的东西是美好生活和不同生活方式的保证。

在上一章中，我们研究了影响我们是否被视为美丽的四个因素——平均值、对称性、性别差异和年轻化。

化妆时，我们会在外观中强化这四个因素中的一种或全部。

我们努力增强吸引人的功能，并隐藏不受欢迎的功能。

根据一些研究人员的说法，**所有想要变得美丽的东西本身就是一个合法且合乎逻辑的进化目标。**

在动物界，也存在照顾自己的物种近亲现象。当对异性的兴趣成为焦点时，外表尤为重要。一些动物物种重视不同的身体部位应具有特定的大小或颜色这一事实。比如一些鸟的肚子的颜色。

动物以预定的方式对某些刺激做出反应，这种现象称为关键方向。例如，鳟鱼的下方有一个小红点喙，可以让刚孵出的幼鱼啄它。幼鱼们在啄的事实反过来又导致成年鳟鱼反哺出食物。

就像人类的孩子一样，许多动物的幼崽常常也有圆脸和大眼睛。圆形轮廓是激发父母保护本能的关键因素。

实验表明，当所谓的关键因素被增强时，例如颜色或大小，动物可以表现出更强的反应模式。

人们化妆可能只是加强关键因素的一种方法吗？

► 化妆，让我们与众不同吗？

人们已经知道化妆品使我们被认为更具吸引力——无论年龄大小。使用眼妆和口红，可以使你的脸看起来更对称。

使用彩妆和新发型，你可以更接近平均水平，这是增加吸引力的一个因素。男性还可以借助胡须增长，以改变面部尺寸。

一个人能让他人对自己的外貌印象有多大的改变？

一项研究表明，与没有化妆相比，化了妆的女性被认为更聪明，更有社交能力，更有吸引力和更健康。

其他研究人员以口红为唯一变量进行了实验：是否涂口红。允许一些不知情的对象与女性见面——不论是否使用口红。随后，他们的任务是评估女性的不同人格特质。

借助口红，女性被认为更具社交天赋、独立、自私且对异性感兴趣；没有使用口红的女性被认为更加严肃、雄辩和尽责。

我自己的一项研究表明，化妆后，女人被认为更美丽、更女性化，但经验还表明，她比没有化妆的女人更不可靠。

➤ 化妆和约会

化妆的女性有机会让潜在的伴侣产生更大的兴趣吗？也许这个问题的答案是明白无误的，但是研究团队还是提出了这个问题。

他们让参与研究的女性们一部分化妆，一部分不化妆，分别在周三和周六晚上去了酒吧。每个实验持续一个小时，并记录了寻求与女性接触的男性人数。当总结结果时，很明显，有更多的男人接近了化过妆的女性，并且他们也更快地互相留了联系方式。

当女性仅将口红的颜色改为红色而不是使用其他颜色时，也会发生同样的结果。

其他研究人员在一个实验中计算化妆的女服务员是否对男人

饮酒量有影响。如果一个饭店或者酒吧的工作人员化了妆，会让客人喝更多的酒水吗？

这个假设在这里也得到了证实：化妆的女服务员比不化妆的女服务员会让客人喝得更多。

你是否认为与一个普通人相比，如果遇到一个英俊潇洒的人，你会更愿意为他化妆吗？在一项研究中，许多女性被告知她们会遇到一个非常有魅力或不太有魅力的人，无论是女人还是男人。当女性被告知她们会遇到一个非常有魅力的人，而不管性别如何时，她们使用的化妆品都要多于她们被告知她们会遇到一个不具吸引力的人。

➤ 我们是否受到化妆的影响？

与素颜相比，女人在化妆时会获得更积极的身体形象。从抑郁症到各种身体疾病，诊断各异的医院患者在化妆后自尊心都会增强，这也使他们能够也愿意更频繁地参加各种社交活动。

因此，一项看似很小的措施可以导致我们社会生活的变化发生。

如何将化妆与女性的职业、地位、未来的收入潜力、健康和自信联系起来，这对研究人员和普通男人都产生了兴趣。

一组研究人员决定对此进行研究。

结果表明，化妆的妆容会影响她的职业经历。化妆后，她被认为更健康、更自信、更有声望，也被认为是高级职位，至少是中层职位；而未化妆时的女性被认为要么地位低下，要么失业。与化妆后的评估相比，没有化妆的女性的收入潜力被评估为较低。

无论是男人还是女人，都是如此。

➤ 头发的故事

头发也是想变美的人操作的目标。

在古代，女性已经将头发染成红色、金色，而在哀悼期间，女性会用灰烬染发。

古埃及人戴着金色假发。如北欧女性所见，希腊和罗马女性被认为对浅色头发充满热情。

西方世界把金色头发看作贵族的象征，但在一段时间内，它也是提供性服务的象征。

随着镜子的发展，新的服务和产品也被创造出来为美化头发、皮肤和脸部。

美发师这一职业在 1870 年左右开始增长，以服务于贵族精英，这些贵族们在发廊里可以通过在木卷上硬卷头发并抹上面包酵母，然后"烘烤"，从而得到永久的假发。

这项技术让富有创造力的朱利叶斯·内斯勒有了这样的想法，即使是顾客真正的头发也可以通过化学过程来永久固定。

1906 年，内斯勒发明了美发定型机并在两年后获得了专利。

大约在同一时间，德国企业家汉斯·施瓦茨科普夫开发了一种可以显著改善天然头发卫生的产品。他是化学家，在 1903 年，他推出了一款洗发水，以满足一个客户对可以增加头发光泽的要求。该客户对产品非常满意，通过口碑效应，这款洗发水获得极大成功，市场需求激增。

➤ 秃顶

男人与头发的关系并不简单。

例如，圣经说，西蒙失去了头发就失去了他全部的力量。

心理学家托马斯·卡什研究了人们对秃顶男性和初期秃顶男性的看法。男女都认为，秃顶男性和初期秃顶男性看起来比较弱小和魅力不足。

难怪脱发的男人有时会觉得这是一个问题。当拿破仑和俄国沙皇亚历山大讨论欧洲政治时，据说他们更热衷于讨论怎么治疗脱发问题。

➤ 胡须

留胡须还是不留胡须？

兴趣和勇气在不断循环地提醒你。

有时候是脸上一点儿胡须都没有更受欢迎，有时候却是满脸胡须更受欢迎。

胡子可能与男子气概有关，但也可能与圣诞老人有关。我们对教授、无家可归者、流浪汉的刻板印象中也包含了胡须。

男人为什么留胡须？

研究员丹尼尔·弗里德曼说："男人的胡须使他对女性更具吸引力，并为让对方产生兴趣的机会做出了贡献。有胡须的男人在他人眼中的地位也更高，并且可以增加男人之间的社交距离。"

感知心理学家已经针对胡须进行了许多研究。

从生物学上来说，胡须是性成熟的标志。同时，它更凸显人的下巴和下颚宽度。

因此，与刮胡须的男人相比，留胡须的男人可能被认为更具攻击性，而魅力却减少了。

有趣的是，在一项研究中，受试者也觉得自己在留胡子时更有男人味。

剃掉胡须会减少成熟的印象，但可以通过其他方式（通常被认为更具吸引力）带来好处。但这部分取决于在自己各自不同的文化中不同男性角色的地位。

■ 男性和胡须

留胡须的男性常被认为是：

◎积极进取

◎更有男人味

◎自信、强势

◎自我主导

◎社交成熟

◎老年人

◎非同寻常的人或善良的人

◎最有吸引力的

➤ 胡须和工作

并非所有职业领域都普遍接受胡须。

胡子通常与艺术类专业，以及教育和研究相关的工作有关。

在银行业、司法机关和私人企业领域，传统上流行其他的外观规范。

■ 女性、头发和化妆

化妆的女性被认为比没有化妆的更健康更安全。

◎化妆的女性比没有化妆的女性给人感觉更有名望。

◎招聘人员更愿意雇用一个会打扮自己，让自己看起来非常优雅的女性（着装、发型、化妆、配饰）。

◎棕色的头发，没有化妆的女性给人感觉能力比浅色头发的能力更高。

◎金色的头发和化妆的结合给人能力最低。

◎短发与女性高地位、高智商、体面和主导地位有关。

◎尽管没有实际年龄差异，但短发女性被认为比长发女性大六岁。

➤ 眼镜

我认识一个戴着眼镜的房地产经纪人，尽管他视力一点儿也不差。他说："它们对我的生意有好处。"

他的眼镜是有框的，可能对他的房地产交易有利。

研究表明，招聘人员更愿意招聘戴眼镜的应聘者。

与不戴眼镜的人相比，戴眼镜的人通常被认为更聪明、更努力、更成功。

职业定型观念说，图书馆馆员应该戴眼镜。

与更多的需要活力和体力的工作相比，眼镜通常与知识、静心的能力相关。现在，你可能会认为戴眼镜也很好。

等等，事情远不是你想象的那么简单。

与不戴眼镜的人相比，戴眼镜的人还被认为不那么外向，缺少活力和吸引力。戴上眼镜，我们也被认为不那么幽默，受欢迎。

话虽这么说，也许你可以幽默地表示为眼镜具有与胜任力有关的特征，工作时保持眼镜整洁，但在聚会上戴隐形眼镜会更好。

■ 眼镜

戴上眼镜，我们被认为是：

◎聪明

◎有才

◎可靠

◎诚实

◎努力

◎成功

◎勤奋

◎占主导地位

但同时，我们也被认为：

◎吸引力降低

◎被动

◎不受欢迎

◎更内向

◎运动量不足

同时，我最近参加了一项研究表明，眼镜还可以使佩戴者既有吸引力又性感。

与大多数事物一样，我们将衣服、头发、眼镜组合在一起的整个过程在很大程度上影响着他人对我们的印象。

因此，外观对我们周围环境有很大的影响。值得庆幸的是，我们可以在一定程度上影响自己。

但是，如果你仍然认为有很多细节需要考虑，我可以给大家一个简单的建议：微笑！

研究表明，无论男女，当我们微笑时，吸引力也会增加。

另一个建议是：睡觉！

因为如果我们有足够的睡眠，其他人就会认为我们更健康、更有吸引力。这可能与我们实际上感觉更好的事实有关。

Chapter **14** 互联网上的第一印象

在社交媒体上，我们可以变成心目中理想的那个人。我们可以详加区分，仔细选择自己愿意在网上分享个人生活的哪些方面，以定制出我们想让别人看到的形象。

全新技术为人们提供了新颖的交往方式。现在，雇主可以直接上网搜索职位申请者的信息。客户甚至可以在同意见面前，先查阅我们的"领英"资料。如今，在线约会也空前热门，初次见面已经很少是面对面的"真人版"了。

即使手头的资料极为有限，我们也会根据已有信息对彼此做出判断。在心理学上，这种现象被称为"薄片撷取"。这就是说，我们通过互联网对某人获得的印象，可能只是基于非常有限的信息。

在本章中，你将了解到如何用照片、电子邮件等个人资料展现成功的数字印象，打造出个人品牌。你会学到各种技巧，诸如什么时候该使用表情符号，如何拍出个人最佳照片，以及"点赞"对我们而言有多么重要。

这是一个星期六的晚上，你登录到社交媒体脸书。你的一位联系人刚刚发布了他和一位电视明星的合影照。令你惊讶的是，你的这个熟人好像经常和很多名人在一起，还是他只发布这些有名人在一起的照片？

我们每天的日常生活看起来都很平常，似乎很少有值得拍照和分享的内容。我们大多数人选择分享的东西都是可以显示出自己精彩的、有知名度的、有地位的或热情的一面。

在社交媒体上，我们得到了表达机会。在这里，我们可以完全脱离限制，向所有人展示最原始的自己。我们就这么做了。虽然看上去有些不太整齐，有些则更巧妙、细腻、措辞含蓄。

在社交媒体上，我们可以得到那些自己一直想要的。我们可以认真选择自己要分享生活的哪些方面并完全由自己掌握，决定让别人看到自己的哪些照片——无论要发布的照片是否微笑等。

另一方面，我们也看到了，自己可以完全控制想让人看到的形象。

当然，我们在社交媒体上还有很多其他事情要做，而不仅仅是创造印象。在生活困难或对具体惯性做出反应时，我们可能需要支持。

我们可以与远方的亲朋好友保持联系，可以在家里看到旅行中的他们更新朋友圈图片，并为此而开心。

当我遇到一个人时，几乎可以肯定地知道那个人之前已经在网上"检查"了我，感觉挺好的。我就不必经历在会见中可能需要对我的背景进行逐一地解释。

我们还知道，许多雇主在招工时会查看我们在领英和脸书上的个人资料，而客户会通过谷歌找到有关公司及其代表的更多信息。

因此，今天，第一次会见并不总是面对面的，而是经常通过网络进行的，并且越来越多的人开始在网上约会。

在这些情况下，存在哪些心理机制？我们如何在这里学会尽最大努力创造良好的第一印象？

首先，我们要问为什么我们中的很多人喜欢在一些俱乐部、沙龙或迷人的晚宴上和名人在一起？因为很多的状态更新中需要一些"伪装"。我们不会这样写："看！我和这些知名人物在一起，我有身份并且很受欢迎。"太露骨了！

一张我和名人的照片就足够了。一图胜千言！你想说的，不必说出，大家都会知道！一切尽在不言中。

► 印象管理

美国教授欧文拉·高夫曼说，我们每个人在生活中都扮演着不同的角色，就像演员在剧院里扮演角色一样。

基于此，我之前编写的印象管理理论得到发展。

印象管理，也称为自我展示，意味着我选择以自己想要的方式展示自己，这样，其他人才能完全得到我想要的自己的形象。

这样做是因为我们想要影响别人，是为了获得回报，或者只是想传达与我们的真实身份匹配的印象。

在网站和社交媒体上，通过与我们想要传达的图像相对应的想法和感觉，我们有意识或无意识地共享着个人的详细信息。

现在，许多年轻人和成年人都拥有一个或多个社交媒体，因此，展示自己变得更加重要。

如果人们希望自己在劳动力市场或人才市场上显得有价值并希望增加自己吸引雇主的机会，则更应该如此。

做好这些，个人品牌才会不断发展，并以最好的方式展现自己的特色和知识。

个人品牌塑造是实现职业目标的一种有意识的操作策略。

印象管理可以看作是为影响我们对外呈现的形象而进行的或多或少的日常行为。

从历史上看，社会地位让持有人受益。

在不同情况下，你将获得优先权。

在大约150个人的草原部落群体中生活的时候，就是这样。群体中排名较高的人具有生活上的优势。

这可能就是为什么我们如今喜欢在社交媒体上获得许多"赞"，并分享正面评论的原因。

我们正在寻找满足旧需求的新方法。

➤ 点赞

其他人可能喜欢我们的状态更新，我们可能因此喜欢他们。

当我们单击"点赞"按钮时，它已经揭示了很多关于我们的信息。

在一项广泛而综合的研究中，研究人员分析了58000位脸书志愿用户"点赞"的行为。在此基础上，研究人员观察了从年龄、性别、种族和性取向，到性格、智力和政治因素等各方面的信息。还可以观察到哪些人认为自己很幸运，滥用某种药物或父母离异等信息。

因此，其他人甚至都不需要阅读我们自己上传的帖子就可以根据我们在社交媒体上的"点赞"来了解我们。

➤ 发帖

当然，我们上传的帖子也会影响自己的形象。

在一项研究中，一些研究人员创建了六个虚构的脸书个人资料，这些个人资料都属于同一个大学教授。然后随机分配给一个个学生们侧重点各不相同的个人资料：社交、政治保守、政治自由、宗教、家庭取向和职业取向等方面。

侧重于"社交"的那个教授被认为专业知识欠缺，但是更受欢迎。学生们认为他的简介很有趣，但是有点儿不合适。

与侧重于宗教、家庭和职业状况相比，以政治为重点的个人主页大多不受学生们欢迎。

根据我们发布的帖子信息，别人可以正确观察并得出关于我们性格特征的正确信息。

研究显示，外向型的人会发布更多与饮酒有关的帖子。

在现实中没有同情心的人在互联网上也是一样，比如他们倾向于对其他人说让人不舒服的话。

➤ 社会信息处理理论（SIP）

我们的关系越来越多地通过互联网发生，这增加了我们根据单张照片或帖子进行判断的风险。

社会学家一致认为，互联网的出现使人们能够接触到那些由于地理距离或感知到的"外群体"地位而在其他情况下不太可能遇见的人。社会信息处理理论是一种用来解释这些互动性质的模型。理查德·L.达夫特和罗伯特·H.伦格尔于1986年将其引入。

电子邮件、电话和视频通话都具有不同的功能，可以使我们表达自己并被理解。与视频通话不同，电话沟通就没有机会传达手势和模仿。

渠道的选择会影响我们的关系。你应该选择哪个渠道？有经验法则吗？

可以通过声音和图像添加的非语言交流越多，沟通越顺畅。

例如，与电子邮件相比，我们更擅长通过电话和视频通话传达热情、怀疑、同情、讽刺、信仰、鼓励、谨慎和幽默。

这些渠道在通过声音、面部表情和手势的细微差别来传达态度和情感方面具有优势。

信心和信任对于协作和效率至关重要，可以更轻松地创建我们可以使用的丰富媒体。但是最好的方法是面对面沟通，因为那是做出重要决定并建立持久关系的关键点。

关于情感主题的同一件事需要讨论。

如果我们也有机会一起吃饭，那么恋爱关系就会有更好的开端。

掰断面包并分享面包，一起吃是古老的和平象征。

今天，我们经常在真正的见面之前就通过电子邮件或社交媒体来保持联系。这种接触在我们开始见面的时候如何影响我们的关系？

或者，如果你信任的人已经说过你将要见面的人"非常有能力并且与之交流会很愉快"，这对会面意味着什么？

➤ 电子邮件

你收到一封电子邮件，感觉有点儿短，也确实差了一点儿。

你再次阅读以确保你的理解正确。是的，发件人不是很友好，文本中带有抱怨的语气。你坐在那里，感觉不爽了几分钟。几分钟后，你也许知道了让自己不爽的答案。

也许发件人只是想给你发送一封简短的电子邮件来提出问题。但它缺少"嘿，你好吗？"或"希望你一切都好 / 与孩子们在一起 / 你什么时候去度假 / 在那里晒太阳 / 谢谢你的最新消息"。

如果没有这样的表述，我们会觉得这个人没礼貌或者不开心。

因为电子邮件的沟通不能看到人的脸、眼睛，也不能见到人的微笑、手势和态度。

原则上，电子邮件或短信不能代替现实生活对话。

毕竟，我们基本上必须用表情符号来构建一种全新的语言，即表情符号。

在第六章中，我谈到了相互镜像的重要性。

镜子会影响我们彼此之间的相互依存程度以及即使我们面前没有对方，也可以反思的事实。

当收到电子邮件或消息时，我们可以找到许多可以重温的信息。

这个人是正式、认真或更随和和非正式的吗？他经常用短句还是长句？这个人是否使用表情符号？一旦我们了解了其他表达方式和形式，就很容易将其镜像。

➤ 电子邮箱

我很熟悉的一个朋友，他的私人电子邮箱包含"assessina"。这个单词在西班牙语中的意思是"杀手"，可能在她十几岁的时候注册的，那时候感觉是一个有趣且有点儿戏剧性的电子邮件地址。

不幸的是，她的讲话并没有传达出她在现实中具有的出色个性。

根据"薄片撷取"理论，我们将根据手头现有的一小部分信息得出结论。一个电子邮箱地址显然是一个很小的信息。

在莱比锡（德国），有人以电子邮箱为主题进行了研究。在这项研究中，使用了599个年轻人的电子邮箱。

研究人员还集中了100个独立观察员进行的自我人格描述和人格评估。

评估者同意，如果我们观察电子邮箱，会知道邮箱所有者在某种程度上是一个什么样的人。

电子邮箱确实传达了有关其所有者的信息，这也很有趣。电子邮箱和个性之间存在着关系。通过一个电子邮箱可以正确地了解它的所有者的神经质、开放性、同情心、尽职性和自恋性。

电子邮箱的名字和昵称也会影响他人的看法，会让人体会到所有者的热情或者冷漠。

招募人员得到了一部分虚构的求职申请，具有热情名字的求职者被认为更适合需要同情和关怀的职业，但不太适合需要能力的职业。这些人被认为更真诚，但能力不强。

> ### ■　社会信息处理理论（SIP）
>
> 在特定情况下，根据使用了多少非语言交流，这种关系或多或少地迅速达到了深度沟通。
>
> 通过电子邮件和短信进行通信比通过电话进行通信需要更多的时间，因为语音包含许多非语言元素。
>
> 通过视频通话，我们可以进行更多的深度沟通，但是面对面的会见是最理想的。

➤ 摄影

我住在斯德哥尔摩南部的一座山上，平时最喜欢站在上面眺望远方。

从那里你可以看到哈马碧新城的山（斯德哥尔摩一个著名的生态建筑区），爱立信球形体育馆（斯德哥尔摩的一座地标性建筑）和游乐园上的游乐设施。其他城区有名的建筑和道路也看得见。

只要站在那儿，就会给人一种平静的感觉。

上次我在那儿拍了一张照片，并将照片发送给父母和妹妹。我经常向他们发送图片。今天我也拍了，发了。

几秒钟后，照片就可以在Instagram、脸书或博客上公开显示。

社交媒体上个人头像和上传的照片在别人对你创建第一印象的时候会产生巨大影响。其他人可以从这一小块信息中得出对你的结论。

➤ 个人头像

你是否考虑过为社交媒体脸书或 Tinder 上的个人资料或者头像选择哪种照片？

你是否会为自己在领英网站上的个人资料是增加还是减少自己的就业机会、职业前景感到担忧？

你考虑对了！你的个人资料照片可以发挥至关重要的作用，它已被证明是我们在网络上最显眼的方面之一。

一项特别的研究表明，头像绝对是脸书用户们所认同的最重要的照片。

关于头像中细节如何影响他人对我们的看法的一个幽默例子是所谓的"吸食白痴偏见"！

这是一种偏见，即嗜酒的人不那么聪明。这意味着，如果我们在社交媒体上传自己跟一杯葡萄酒或啤酒的合照，那么我们就会被认为不够聪明。

实际上，显示与酒精有关的"线索"足以使其他人认为我们不那么聪明。

同样，如果我们在工作日的午餐期间购买含酒精的饮料，就会被认为缺乏就业能力和智力。

在危险的高处，与野生动植物一起，或者其他危险环境中受伤，或遭受巨大风险的人，很难避免引发大家的争议。

我们为什么要这样做？答案是，我们通常需要在社交媒体上发布照片，以展示我们的个性、生活方式或偏好。

疯狂、大胆的自拍照可能会成为一种身份的象征，变得流行起来，并成为热门话题。

实际上，研究人员发现自恋与频繁分享自拍照之间存在联系。

■　我们的照片说明了我们什么？

结论：他人可以根据我们在网上的行为成功地得出我们的个人性格特征：

◎外向的人更多地使用脸书。

性格外向的人更想与朋友互动，如评论和更新朋友圈。社交媒体只是外向型的人满足他们与他人接触的另一种方式。

◎有同情心（热情、友好）的人更愿意多方面参与。

◎与不认真的人相比，认真的人不会花太多时间在查看页面和个人资料上。

◎外向型的人会比其他人更频繁地晒照片并分享自己和他人的帖子。

自己的照片传达了不同的品质，但是我会根据其他人的照片得出结论吗？

是的，有些情况下会。

一个人微笑的照片、在户外或与其他人合影的照片已显示最多，因此最符合我们对他的生活状况的印象。

在社交媒体上的个人主页中，可见的所有朋友数量、照片或其他特征的所有内容均可用于得出结论，而且很多时候是正确的。

➤ 网上约会

艾诺奶奶和玛迪爷爷第一次见面是在芬兰南部的一条乡间小路上。在此期间，艾诺奶奶在一个农场当女仆，玛迪爷爷在另一个农场当男仆。

在一条乡间小路上，艾诺奶奶正准备出发时，玛迪爷爷来问她是否需要帮助。她说她不需要，这是他得到的回答。

他们俩都继续前往各自的目的地。过了几天，他们在一次舞会中碰巧又遇到了！这次，感觉来了！两个人的爱情发展得如火如荼……

他们一起体验过战争与和平，一起照顾自己的孩子、孙子和曾孙子们。现在他们一起庆祝结婚63周年！

有多少老一辈人没有经历像艾诺爷爷他们那样的约会，在舞会上、聚会中，或者在马路边。

今天，越来越多的人更倾向于通过网络认识、见面、联系。在约会网站上，我们可以上传许多资料：居住地、年龄、体重、受教育程度、收入等。此外，许多约会应用程序还要求我们上传自己的照片。

根据调查结果，我们的个人照片是个人资料中最重要的部分。

通常，你会注意到的第一件事是照片，然后是兴趣、年龄等的描述。

带有照片的男性获得的个人资料浏览量是没有照片的四倍，而带有照片的女性获得的照片浏览量是没有照片的六倍。

个人照片在在线约会中起着至关重要的作用，我们的说话和遣词造句也是影响着一段关系能否延续的关键。

我们表达的话语会影响他人对我们的看法。

积极、有力的词，如"很棒""精彩极了"，比一些普通的词，如"没问题""好啊"会让他人对我们的评价更正面、更积极。

在一项调查中，有四分之三的人选择了跟用词更积极、更有力的人继续进行约会。

因此，冷静和轻松的语言表达并不总是能够带来回报。

我们会根据写作风格、情感表达、大小写字母来观察、获得一个人的性格特征。

人们会使用一切线索来判断别人。

有时，人们很快就会回复信息、邮件，有时却不会。回复速度会影响别人对你的判断。回复慢了，人们不认为对方会更迅速地致力于行动。

■ 伴侣最重要的特征

女人想在他们约会的男人身上找到什么：

◎有同情心、幽默感，并且想要美好的家庭生活。

◎在情感上稳定、忠诚和热情。

◎是一个很有个性的、很好的交际者，而且他和她之间存在着个人的化学反应。

男人想要在他约会的女人身上看到的东西：

◎有爱心、善良、忠诚、负责任和情绪稳定。

◎是一个很好的沟通者，性格坚强。

◎想要一个幸福的家庭生活。

◎和他之间存在着个人的化学反应。

微笑是我们个性最重要线索。

在加利福尼亚大学圣地亚哥分校的一项研究中，研究参与者们只注意到图片上露出的脸部微笑和眉头的皱纹，甚至都没有自觉地去关注图片中明显的面孔。就算是这样，它还是影响了研究参与者，影响了他们愿意支付多少小费。

相同的研究人员还发现，口渴的实验参与者如果下意识地看到一张笑脸，他们也会喝下更多的东西。

鉴于微笑带来的积极影响，我们可以自问：

我是否会对自己的个人资料照片微笑？

拍摄的照片是否足够近，以显示我诚挚的微笑？

好的个人主页照片上还应该有什么？在照片上你如何传达自己的能力和信誉？

明星们的个人主页上经常有他们在红地毯上摆姿势的照片。他们知道自己从什么角度上拍照片效果最佳。

一位为我拍照的摄影记者说，女人很少想从仰视的角度拍照。相反，男人们通常并不反对这样做。

原因可能是女性的下颌通常不如男性的下颌突出。

今天，女性通常会采用强化女性特质的策略。只需从上方拍照并借助衣服和头发，就能获得脸的下半部分较小的错觉。对于女性而言，高发型可以增强女性脸部的下半部分的形状。

在照片上我们怎么看起来更好呢？

众所周知，我们通过身体、手势和面部表情传达不同的性格特征。

转化为照片的情况，从照片上获得相同非语言表达的内容可能传达的是不同的意义。有时，在被认为是有能力或自大之间只存在细微的差别。

如果我们把头斜着一点儿看对方，我们会被认为是热情、友好的，也有可能传达的是抱歉的意思。但如果我们将头稍微向后倾斜，其他人很容易将我们理解为自大。

■ 相片表达了什么？

这是一张极其简单的照片，但可以通过它发出信号来表达照片中的不同细节。

身体

扩大身体的位置，坐下来——双手放在腰部——传达力量、影响和主导地位。

手臂交叉也可以发挥主导作用，而缩起来、下沉的身体姿势则刚好相反。

张开的手势和手掌传达热情和可用性。

面孔

微笑让人觉得我们既热情又聪明。

温和的笑容更具权威性。

直视镜头。研究表明，与那些转移视线的人相比，我们更容易记住那些和我们保持视线接触的人。

头部

低头给人感觉更顺从。

直立的脑袋表达你是有能力的人。

如果我们将头稍微向后倾斜，就有可能被认为是自大的。

倾身

无论在照片中或者在现实中，人们都喜欢靠拢于自己喜欢的人和事物，而对自己不喜欢的人和事物则保持距离。

头发

较紧或较短的发型给人以更权威的印象。

松散的头发给人的感觉不那么商业化和正规化，但通常更具吸引力。

彩妆

无论年龄大小，彩妆都会使我们更具吸引力。

我们会被认为更加聪明、健康和有活力。

眼镜

意味着我们被认为是更聪明、更可靠和工作更努力——这些品质在职场上通常是积极的。

太阳镜

使用太阳镜，我们可以遮住眼睛，其他人可能会认为我们的专制程度和诚实度较低。

同时，戴墨镜会影响我们的行为：我们不太强烈地表达情感，并可能会违反社会规范。

为什么呢？假设是，太阳镜会激活所谓的"凉爽计划"——引起一组与"变得凉爽"相关的感知和行为模式。

胡须

胡须使一个人更加自信、阳刚、进取和成熟。

留胡须通常可以增加男人的吸引力。

服装

正式服装与非正式服装相比，正式服装使我们被认为更聪明、更受控、更可信。

但与此同时，我们也被认为没有那么有趣。

量身定制的西装意味着我们被认为更加自信、成功和高薪。

颜色

深色被认为是更权威、更专制的。

红色被认为既感性又强有力。

穿着暴露

我们在现实中的穿着会慢慢地让别人以刻板印象来判断、物化我们。反过来，因穿着暴露而被物化的人被认为能力较弱，也更缺乏个性。

■ 环境

光环效应意味着拍摄图像的环境也会影响其他人对我们的评估。

我们站在山顶上的照片，和我们在喧闹的城市中的照片表达的信息大不相同。

你也可以在活动过程中拍摄照片——当我们演讲时、站在摩托车旁边、戴着面具打扮成有趣的鬼脸，或坐在我们的办公室。

你想上传、表达什么照片？有吸引力的人、胜任的专业人员或其他方面的形象？

使用你的照片表达你想要传达给别人的信息。

在公司网站和以职业为重点的社交媒体上，用专业的图片表达专业的形象，可以考虑让专业的摄影师来拍照，给人以胜任而严肃的印象。

➤ 微笑和其他表情符号

在第八章中，我描述了通过微笑表达喜悦的重要性，微笑是我们最基本的情感表达之一。

通常，微笑的人比不微笑的人更积极。

根据社会信息处理理论，我们可以在网络上通过技术积极努力弥补进行交流时遇到的缺点。

但是我们会适应现有技术，并随着时间的流逝越来越有效地进行交流。尤其重要的是，我们正在尝试寻找替代品来表达情感。

其中一个就是表情图——一系列图形符号，在我们的数据通信中，这些符号在最近几十年经常被使用。

该符号创建于二十世纪八十年代初期，刚开始出现是因为人们担心在各个论坛上讨论的主题会不会让人正确地理解。为了解决这个问题，斯科特·法尔曼教授建议使用字符组合来说明某些东西是在开玩笑。

笑脸"☺"诞生了！

多年以来，笑脸已演变为各种"表情图"。

表达情绪状态的符号组合已成为我们数字通信的重要组成部分。

根据是否使用表情符号，以及使用哪种表情符号，我们会有不同的看法。

在这种情况下，许多调查和研究都支持这一点：

首先，当阅读带有表情符号的消息时，我们的情绪会受到积极影响。此外，使用表情符号也会让人忽略书面信息出现的问题，降低误解的风险。

当在聊天消息中使用表情符号时，我们也能更好地感知彼此。

表情符号可以用不同的方式书写笑脸，可以用":-)"书写或用"☺"显示。

这两种方式给人的体验是否有什么不同？

并不是说信息的含义会改变，但是，每个情绪都会受到"☺"

的正面影响，这可能是因为图像会让人联想到人的面部表情，使我们以本能的方式做出反应。

➤ 商业网站

一个企业的主页内容吸不吸引人需要多长时间来决定？

卡尔顿大学的研究人员发现，查看网页少于50毫秒（二十分之一秒）就足以确定该网站是否具有吸引力。

再延长时间也毫无意义，答案将是相同的。

50毫秒的印象是我们选择一家公司或不选择一家公司所需要的全部时间。

那么，我们喜欢和不喜欢的网站之间有什么区别？是图片、文字，还是网站的颜色和设计？

作者唐·诺曼在他的《情感设计》一书中表示，对主页排版、设计、内容感到满意的用户会更愿意使用它。

我们欣赏的设计使自己感觉更加积极，因此，我们可以更轻松地解决任务。

积极的情感信息也很重要，因为它们可以吸引人。吸引我们的东西更容易传播，尤其是通过社交媒体。

人们会共享好的信息，例如关于好的饭店、汽车修理工和理发师的提示。人们发现，这种类型的日常交流会影响从决策到幸福的所有事物。我们更愿意分享的原因正是因为情感。开心和高兴比愤怒和不开心更让人愿意分享、转发。忧愁、悲伤是我们最不愿意分享、发布的信息。

一个被认为是一致的、有见地的、可信的并且具有满意度的顾客的意见（最好是他们的照片）的网站也被证明可以增加商业信心。

另一个研究表明，公司的脸书主页如果链接到其他公司主页（所谓的企业对企业），可以避免明显的销售信息，但包含了公司名称，这样效果会更好。企业的徽标也可以传达信誉。

随着整个网站的建立，企业的可信度会提高。

反过来，增强的信誉感会导致潜在客户与公司打交道的意愿增强。就像我们对他人的印象一样，一个主页的作用也是这样。

在形成某种想法之后，我们倾向于考虑与该观点一致的东西。

查尔斯·达尔文曾说："能够生存下来的物种既不是最强大的，也不是最聪明的，而是适应能力最强的。"

我们需要知道人们的需求和想要的东西，然后通过了解人们如何处理印象来表明我们可以满足它。

在下一章中，我们将详细介绍公司、品牌以及客户的选择方式。

Chapter **15** 公司、品牌和购买决策

通常，我们只有一次机会。客户可以通过互联网、电话或面对面来了解我们的机构，但不论通过哪种渠道，我们都需要在此时此刻传递出正确的信息。

一个机构需要展现哪些信息才能让客户感到安心？这里是否有成功的诀窍？是什么让我们对一个机构感到放心？我们为什么会选择这个产品或品牌，而不是另一个呢？

在本章中，你将了解到顾客会如何受到不同感官印象的影响，视觉、气味、声音和触觉印象会促使我们朝特定的方向前进。这里会详细描述，是什么影响着我们，如何影响的，以及我们如何能更清楚地意识到它们。这一章谈论的是品牌心理学，以及品牌和机构的第一印象。

同一行业的两家公司同时成立。尽管条件良好，但一家似乎还没有进入状态；另一家则做得有声有色。

两年后，一家公司陷入危机，管理层正在讨论应对危机的措施，第二家则在开拓新市场。为什么会这样呢？

这一章，我们将探讨影响公司成功的许多因素——关注点在第一印象。

假设你在一家公司预约了一次会议，你适时去了那里——这是你第一次来这里。

在现场访问之前，你已经登录、查找了公司的网站和脸书页面。你想知道他们已经持续经营多久了，还有多少人在那里工作。

公司网站看上去有些凌乱，你更震惊的是，公司的脸书主页似乎很久没有更新了。模糊的图片、平淡的页面和乏味的内容也让人看得兴趣索然。还有，你的脸书朋友最近对这家公司发表了负面评论。

到达公司后，你将车停在办公楼外的街道上，街道整体看起来不干净，有很多纸屑垃圾。

你朝入口走去，看到外面悬挂的旗子已经破了！

当你按门铃时，你马上注意到它不工作了，也坏了。

当你去推门的时候，发现门也没锁。

你从门口就能看到接待处，但那里没有人值班。你认为接待员可能很快就会来。当然，接待员出现了，但起初并没有注意到你。

她在柜台后面做自己的事。然后你走上前去，报上名字，告诉她你已经预约了。她打电话联系你将要会面的人。

你在接待处坐下来等待，五分钟后，你要会面的人出现了。

你们握手了！哦，你认为这不是一次很好的握手。她也不看你的眼睛。

你们一起前往她的办公室。

在走廊里经过一段不长的路就到了，但你在走廊上时闻到了一股陈旧的、发霉的气味。刚进办公室，你又被惊到了！办公桌上乱七八糟，还堆着两摞高高的纸。对方给你倒了一杯咖啡，很不幸，它只有一点点余温。

会见结束时，你得到一张名片，你感觉它就是一片薄纸。

离开公司之前，你去了一趟洗手间。也很不幸，卫生间里的卫生纸用完了！

这些因素和事件是否会影响我们对公司的印象？

如果有影响，如何影响？

为了回答这个问题，我让121个人参加了一项调查活动。我想调查是什么让这些人的体验感最差。

操作方式是让大家在各个不同的小事件上表明相应的影响程度，用0到六的数字来代表。其中0代表根本不受影响，而6代表影响很大。

名片薄薄的、街道不干净对公司的影响最小，而影响最大的是在会见时握手缺乏眼神交流和接待员工作漫不经心。

也许很快就会得出结论，具有亲和力和受人尊敬的人际交往具有更高的优先级。

然而事实并不总是那么简单。

有多少次，我们不在线上查找一家公司就已经做出决定，打算直接联系他们或去参加会见？

在这种情况下，网站成为决定因素。

如果你接到一个销售电话，对方不轻易放弃他的努力，你可能基于此而得出对整个组织的看法。当然，我们会比基于一个负面经验就将整个组织"一刀切"更聪明。

但是，一个单独的事件或联系足以使我们形成意见并可能做出"不"的决定。

重新回到刚才造访公司的例子：员工与客人没有目光接触，或者打招呼时柔软无力的握手对公司来说是致命的。

眼神接触不足被认为缺乏热情，握手柔软无力是缺乏支配力和能力的信号。

在第三章中，我探讨了我们给彼此留下第一印象的原因，然后发现，当结识新朋友时，我们总是不知不觉地提出的问题是：

- 我可以信任这个人吗？
- 我可以尊重这个人吗？

在心理学中，我们使用术语"热情"和"控制力"。同时具有这两种个性的人被认为是理想的。

我们可能会认为能力在专业背景下被认为是足够的——足够聪明和足够专业来胜任这份工作，但事实是，热情始终是最重要的特征。

当我进行研究时，我还想知道试验参与者自己认为最令人不安的是什么。

他们可以自由写下自己的想法。

同样的，接待员缺乏与客户的眼神交流、接待体验不佳被认为是最糟糕的，然后是卫生不佳。在示例中，卫生不佳比比皆是。

如今，感觉大多数业务在变得越来越统一。服务和产品是相似的，我们拥有比以往更多的选择。

历史充满了变化，当今的社会和经济都在不断变化。

是否有可能制定策略来应对"接下来会发生什么"？

是的，正如前几章所述，我们应该要求做的一件事是重新了解我们如何得出彼此的结论、做出决定以及如何使自己的品质在人群中脱颖而出。

比如一个个人所代表的自己、一个员工的辞职，有没有可能影响整个组织。

通常，我们知道每个大公司可能都有不适合在那儿工作的员工，但我们还是会让个人和组织之间建立起一种等号关系。

关系当然也是职场中成功的关键。

一个组织的市场营销、实际地址、场所及其在网络上的视觉和图形外观都具有相当重要的意义，但最重要的是，每个员工都能高度参与公司形象和关系的创建。

所有关系都以第一印象开始，因此，人们与你的组织、品牌之间的关系也是如此。

你的产品或服务是不是符合客户的期望或者达到了公司的承诺？

想象以下情况：

你在一个商店购买了商品，这个商品不符合你的期望。你再次去了商店想退货或者换货。你在商店中获得的服务不好，感觉到自己被忽略了，商店的工作人员似乎对你一点儿兴趣都没有。

你会如何反应——非常失望还是愿意体谅他们？

这个问题被提交给121个人，他们要用五个等级来反映他们的感受或行为。

答案表明，大多数人都感到失望的情绪会针对整个商店，他们不想再到这个商店来购物。

就像在第一个例子中那个心不在焉的接待员一样，**个人的表现对公司给人的整体印象也是至关重要的。**

➤ 会见

如果要结识新的业务员，如果我们知道这个业务员在某种程度上与我们类似，那对建立进一步的关系是积极的，非常有利的。

我们需要体会到这个人是热情、愉快、可靠和能干的。

在一项调查中，许多参与者被问到最重要的是什么。

眼神交流排在第一位。

当然，根据会见的目的不同，排名也会有所不同。

➤ 购买决策

还有许多其他原因使我们对组织感到安全或不安全，以及为什么选择这一种产品而不选择另一种。

我们的五种感官——视觉、听觉、嗅觉、触觉和味觉，对我们直接体验产品至关重要。通过这些感官，我们通过媒体、广告单页和其他形式的广告收集有关产品的信息。

在当今数字化的消费中，我们甚至在支付和购买产品之前就已经看到或者了解了该产品。

随之而来的心理演化就是那些有助于塑造公司形象的观念。

一个组织或者企业如何为潜在的消费者创造感官体验？

通常，注意力集中在视觉体验上。但是，尝试吸引客户更多的感官体验，而不只是客户的视觉体验会带来许多优势。

马丁·林德斯特伦在他的《品牌意识》一书中写到，杰出的品牌需要成为客户的非凡体验。

使处于我们意识中的品牌通过我们的感官印象创造情感体验，从而做到这一点。

在很大程度上，这种感觉支配着我们的决定，至少是采购决定。

如果做出决定，我们会找到合理的解释，以此说明为什么我们做了我们所做的事情或购买了我们所买的东西。

满足我们情感需求的产品、服务和品牌是赢家。

他们通过将产品和品牌与声音、符号甚至气味联系起来，从而进入我们的意识和记忆。

涉及的感官体验越多，印象就越强烈。

越来越多的商店、饭店、酒店和购物中心正在尝试将其产品与情感印象联系起来。

我们的五种情感渠道以不同的方式影响我们，所有这些渠道都具有触发联想和情感的能力，因此，以有力的方式影响着我们的行动和决策。

贝蒂尔·霍特、尼可拉斯·布劳依斯、马库斯·范迪克在他们的《感官营销》一书中写道："通过不同的感官策略，公司可以建立起与客户的身份、生活方式和个性相关的品牌形象。因此，在做市场营销时，一家企业应有意识地、战略性地立足于人类的五种感官基础上。"

感官营销意味着在比大众营销更成功的个人层面上满足客户需求。

因此，让我们逐一看一下与产品和品牌相关的感官，看看别人是怎么做的？

➤ 嗅觉

美国聋盲作家海伦·凯勒曾经说过："香味是强大的魔术师，可以伴随我们一起走过很长的一段路，可以伴随我们终身。"

通过特定的气味，我们可能在几毫秒内发现自己处于生活中完全不同的位置或时间。

在解剖学上，嗅觉是与我们的感觉和记忆联系最直接的感官。就像其他感觉一样，嗅觉会在潜意识中影响我们。

在电影院中，曾经尝试了一个品牌营销活动，在展出品牌广告的同时散发出与之相关的气味。

这是一家意大利烘焙公司做的。

在电影放映时，同时展示了一张巨大的意大利巧克力蛋糕照片，然后往电影院里散发巧克力的香气。

这一活动成为经典的成功营销故事。

做过类似活动的还有妮维雅公司。他们在屏幕上展示了一个海滩，海浪拍打着岩石，还有飞翔的海鸟，同时往电影院沙龙里散发妮维雅的香气……

根据后来的一项调查，电影院里的观众记得芬芳的妮维雅广告比没有香气的相同广告要高得多。

在一个完全不同的试验中，将两双相同的耐克牌的鞋子放在两个相同的房间中，参与者可以参观并试穿。

其中一个房间散发着花香，另一个房间则保持无味。

参与者开始观察并穿上鞋子。然后，他们被要求回答问卷。

84%的参与者更喜欢房间里有花香的鞋子。另外，花香房间里的鞋子被认为更值钱。

与在非芬芳的环境中相遇相比，在芬芳的环境中我们似乎更愿意彼此两情相悦。

在一个购物中心对此进行了实地研究，一部分18—25岁的女性们会"偶遇"一个英俊的20岁左右的男人，这个男人会向这些女性们索要电话号码。

一些女人把自己的电话号码给了男人，其他人则选择了不给。

现在得出有趣的结果：那些在一个芳香四溢的购物环境中被索要电话号码的女性们大部分都很愿意满足帅哥的请求；而那些不在这一芳香四溢的购物环境中被索要电话号码的女性们大都选择了漠视帅哥的请求。

在一个香浓的环境中，我们也可能会更加慷慨。

在一个实验中，任务是向路过的行人要求换零钱。

如果这个要求是在一个充满新鲜面包香气的面包店外面提出的，那么被要求的行人大都很愿意提供帮助。但是在一个没有香浓的环境，比如在一个服装店外面，则要求很容易被漠视，没有那么多的行人会帮忙。

我们还可以想象，在接触了香草或薰衣草气味后才向员工们提出加班问题，那么工作时间就会更长。

是的，一些研究表明，当我们闻到让人舒服的香味时，我们会变得更乐于助人。

我们无私的一面被芬芳的香气所触发。人们相信并解释它是因为我们的心情受到了影响——我们的心情变得更好了。

像光环效应一样，正确的气味会向暴露在其附近的产品或人员传播积极、排他或幸福的气氛。

气味变得像粉红色的微光一样，遮盖了所有与之相关的部分。

我们会感觉到一种良好的气味，也许心情会更好，因此会有不同的行为反应。

■　香味

当公司将特定气味与其品牌相关联时，我们将其称为签名气味。

把一些功能良好的香味作为嗅觉记号而注册商标的企业有维多利亚的秘密和三星。

香草和柑橘类香味会影响我们在商场或购物中心的停留时间。

在日本，一些公司使用香味来改善员工的工作表现并增强他们的专注力，香气可以消除员工的压力。

与未接触香味的患者相比，接触良好气味的患者会感觉更好。

事实证明，接触良好的气味对行为举止的作用就像是意外礼物一样。

基于柑橘的气味使我们信任他人，并为慈善事业付出更多。

清洁剂中的柑橘类气味可在我们进食时带来更清洁的环境。

如果想在街头对陌生人进行调查访问，那么借助香草气味，我们获得正面答案的机会就会增加。

➤ 味觉

味觉，可以称作营销中被遗忘的感官。然而，它的多次被使用也会产生很大的影响。

例如，如果我们首先获得品尝产品，然后看到针对它的广告，那么我们将更容易记住该品牌。

研究人员帕可·安德希尔认为，如果顾客不喜欢品尝新食品，则该产品将无法使用。

我们需要与味觉保持亲密无间的关系才能更好地生存。

我们可以通过在舌头、上颚和喉咙中的大约一万个味蕾来品尝味道。

味蕾为神经细胞提供信息，进而向大脑发出信号。

传统上，我们计算了四种不同类型的味蕾：甜、咸、酸和苦，每种味蕾都对自己的口味类别敏感。

如今，我们还期待第五种类型，以其日本名"鲜"味而闻名。

味觉与嗅味并存，它们在某种程度上取决于彼此的存在，以使我们的体验更完整，更完美。

提供味觉体验为客户增加了在商店里待更久、消费更多的机会。

传统上拥有完全不同的产品种类的公司现在可以将食品和饮料作为其产品范围的一部分。

例如，今天的宜家、加油站和书店都在出售咖啡、零食。但是，喝冷咖啡不是一个好主意，如果你阅读了本章的开头，你就会知道。饮料的温度是特别需要注意的。

耶鲁大学一项有趣的研究表明，我们所提供的饮料温度会影响自己的形象。这里我们再次看到了光环效应。

在该实验中，实验参与者们被提供了冰咖啡或热咖啡，然后他们的任务是评估某人的个性。

那些拿到热咖啡的人对别人的评估会更温暖和可靠，热饮也会影响我们的行为。

身体的热量有益于我们去体验他人的温暖，也使我们在温暖的环境中更可靠、更慷慨地做事。

研究表明，当我们的身体感觉到热量时，大脑的同一部分被激活——比如拿着一杯热饮——会让我们体验到关系的共同感、温暖感。

对此现象的一种解释可能是冷热刺激"照亮"并"提醒"了与信任和合作相关的大脑部分。

由于对身体热和社交热情的神经反应重叠，我们感知某人或某物更积极的可能性会增加。

通过详细地对食物进行描述可以影响顾客的味觉体验吗？

是的，实验表明，通过给菜肴起一个更生动的描述性的名称可以使菜肴销量提高27％。

例如，在一项调查中，一道菜肴名称从"鱼片"更改为"多汁的意大利鱼片"。名称更具描述性的菜肴获得了更多积极评价，并被认为更具风味、更有吸引力和更多卡路里。

➤ 听觉

你听着自己喜欢的歌曲，感到很愉快……

沙滩上轻轻的海浪声，鸟儿婉转清脆的叫声使你感到平静。

有些声音可以使人舒缓和放松，有些声音则可以使我们精力充沛，有些声音则可以使我们快速做出决策。

声音创造了情绪和情感。我们通过从外耳和内耳进入空气中的声波产生振动的连锁反应听到声音。

鼓膜的振动可以通过三块听小骨组成的听骨链传到前庭窗，引起内耳里淋巴的振动。

耳郭和耳道中大约有2500种受体可以捕获信号并传递到大脑。所以我们可以听到。

品牌可以从确保它们与某些声音相关联中受益。我们更容易记住带有声音的品牌。音频、听觉徽标、声音和音乐，所有这些都可以与品牌相关联。

在传播对公司或产品的信息认知中使用声音做辅助已经很长

时间了。

实际上，自二十世纪初以来，声音就已经用于营销。

有时，当你走进商店或餐厅时，会听到播放的音乐。

音乐的速度（BPM，每分钟节拍数）已显示出会影响服务、客流量以及客户愿意支付的金额。

一项研究显示，如果在餐厅里播放慢速音乐，顾客们希望在餐厅里花费更多的时间，并比在播放快速音乐时消费更多达29％的金额。

当家乐氏改变了早餐谷物的生产，让消费者在咀嚼时能听到声音，这一改变增加了他们的成功率。

■ 声音

声音——通常通过音乐——被认为有助于营造良好的销售氛围。《声波品牌》一书的作者丹尼尔·杰克逊认为，在公司的营销活动中应始终如一地使用声音。

◎标志性声音是品牌的特征。

◎声音商标受法律保护。叮当车（欧美国家走街串巷卖冰激凌的汽车，一路播放音乐）的叮当音乐就是一个例子。

◎餐厅的音乐会影响客人的行为。快节奏的歌曲会让客人更快地离开餐桌，并为他人腾出空间，提高翻台率。

◎平缓的音乐使客人可以停留更长的时间并消费更多。

◎音乐的节奏会影响我们对时间的感知。节奏较慢的音乐意味着排队时间被认为更短，并且我们希望在商店中停留更长的时间。

◎古典音乐可以减少犯罪。

➤ 触觉

人体最大的器官是皮肤，约占体重的10%～25%。

我们可以通过皮肤感知冷、热、痛或压力。

人们相信在大脑中每100平方毫米大约有50种受体，每一种受体中又有64万个微受体专门用于触觉器官。

随着年龄的增长，人的触觉敏感性降低。

触觉对我们的生存至关重要。

疼痛冲动让我们意识到可能威胁健康的事物。

触摸和按摩有益于我们的健康。

如果我们有机会去体验一种产品，就会导致一种心理上的归属感。

与我们没有机会体验产品的情况相比，这会产生更大的支付意愿。

物体的硬度也会影响我们。耶鲁大学进行的一项研究显示，硬物使谈判人员的灵活性降低。

这一系列实验模拟了围绕购车的谈判。

"销售顾问"向实验参与者们进行了报价，但被"买方"拒绝了。然后，"买方"还价。所有参与者都要评估他的谈判对象。结果发现坐硬椅子的人与坐软椅子的人之间有显著差异。

那些坐在硬椅子上的"销售顾问"把他的"买主"的购买意向评估得很低。而坐在柔软椅子上的买主比坐在硬椅子上的买主报价高了近40%。

那些坐在硬椅子上的人变成了更强硬的谈判者。

■　感觉

产品的重量对于质量体验至关重要。重物与高质量相关；轻型和"塑料"产品通常被认为是便宜的且质量较低的。

◎硬质椅子非常适合于快餐厅。

◎材料的属性会影响我们如何评价员工。与被允许拿着一块木头的经理相比，被允许拿着柔软的毯子的经理们将他们的员工评估为更加灵活。

➤ 视觉

我以视觉结束。

从某种意义上说，也许我应该从视觉开始，因为当我们接触到品牌或产品的图像时，有时视觉印象是我们唯一了解的。

与其他感官体验一样，图形轮廓为公司提供了表达其身份、价值并唤起不同情感的机会。

建立品牌形象并影响我们是否购买时，心态是最主要的。

今天的线上购物更是如此。

毫不夸张地说，眼睛是人类感官中最重要的器官。

实际上，我们超过三分之二的感官细胞都位于眼睛中，而我们的大多数决定都是基于视觉印象。

产品的外观、设计对我们的影响特别大，因为它会产生情感反应。

视觉上吸引人的设计，即我们喜欢的设计，可以影响我们的心情并提高我们的创造力——甚至我们都忽略了生产中的其他问题。没有吸引力的设计对我们有相反的影响。因此，不要低估产品的外观。

如果公司从其产品中删除徽标，还剩下什么？

我们会认出产品吗？是的，就可口可乐瓶子而言，这可能很容易。

但是没有苹果标志的苹果电脑呢？徽标删除后，其余元素是否易于链接到品牌？

马丁·林德斯特伦经常说，品牌的每个要素都应具有足够强大的能力，可以独立存在。但同时，它们应该完美整合，以使品牌提升到另一个认可水平。

苹果公司在产品名称的首字母前添加字母"i"如iMac、iPad、iPhone的策略是：使我们能够轻松地将所有这些不同的产品关联到同一品牌。给人的感觉就像今天的苹果公司"拥有"字母表中的一个字母一样。

在你所在的组织中，命名过程是什么样的？

你如何准确找到你今天拥有的徽标？

■　视觉

我们可以更快地阅读清晰的字体，并且使信息看起来更容易理解。

在餐厅菜单上用难读的字体书写的菜肴似乎更难烹饪，这可以证明价格较高。

颜色

颜色有助于唤起情感。

红色被认为在徽标、广告等中具有最大的关注价值，因为它最快地吸引了顾客的视觉。

黄色被认为是最受关注的一种，因为它对眼睛来说最亮。黄色有助于营造谨慎或忧虑的感觉。

研究员诺德菲特写到，如果商店中价格标签的底色或者字体是红色，给顾客的感觉会是现在是以低廉的价格购买的机会。

另外，如果商店中走道很拥挤并且照明很显眼，正常的话这一片区域的商品价格会更低。

麦片后面蓝色的背景和温暖的光线可能使我们认为它的产品质量比红色背景的更好。

包装

一个成功的产品包装是基于情感和功能特征的结合。

可口可乐瓶可能是世界上最成功的包装之一。

灯光和照明

明亮、光线充足的房间比昏暗的房间让人感觉更舒适。快乐增加了顾客的购买意向。

通过吸引更多感官来增强消息，"突出"消息的可能性也会增加。

涉及的感官越多，当事人双方之间的情感联系就越强大。

品牌化就是在品牌和客户之间建立情感联系。

"享受"一词与可口可乐品牌紧密相关。詹姆士·邦德与他的招牌饮品马提尼"用摇，不要用搅"、快车和漂亮的女人相关。

音乐在某些方面也是可以预见的。只有在音乐的基础上，我们才能将这部电影确定为邦德。圣诞节的所有属性：圣诞树、圣诞老人、姜饼、圣诞老人歌曲、雪、火腿。传统感越强，属性就越强大。而且，它们可以自己独立出来，独自唤醒联想。

是否有可能建立一个像圣诞节一样强大的品牌？如果圣诞节是商标，那将是绝对优秀的。

是否可以将仪式纳入品牌？使品牌脱颖而出并被人们记住。

你如何使消费者感到自己拥有该品牌并成为其形象代言人？

消费者在考虑购买产品时可以接触到的感觉器官接触的点越多，激活的感觉记忆的数量就越高，消费者与品牌之间的联系就越牢固。

这也可以应用于价格。价格与产品所吸引的感官数量之间存在联系。与没有与感官联系在一起的这些特性的相应产品相比，调用的感官越多，感知到的价值就越大。你对工作场所的消费者、客户、学生有何感想？你能找到吸引更多感官的方法吗？

➤ 一切总和

"一切总和"也适用于公司和公司推广、宣传。公司的标志、产品、音乐、香气、装饰、眼神交流、握手、微笑和手势，即使某些特征变得越来越重要，比其他的都重要。

最重要的是当我们有机会给客户留下深刻印象的第一刻，这是其他人决定如何看待我们和公司的关键时候。

Chapter **16** 结束语

每个人都会有成见和偏见，会有文化定势。我们会以貌取人，对方亦如是。我们会努力制造好印象，对方亦如是。

　　你可能会觉得世界真小，因为它确实很小。你想联系的人就在眼前，他们都需要你的能力、服务，或是你的产品。

　　从各方面看，营业额和历史数据都令人信服，但顾客买的并不是这些，他们看的是你。如果他们肯买你的账，那么你就完全有可能影响全世界。

1967年，社会心理学家斯坦利·米尔格兰姆进行了一个关于社交网络的实验。

人与人之间的社交关系到底有多近？如果我们选择世界各地的任意两个人——建立一个人和另一个人的关系需要多少个熟人？

他决定通过要求296人（随机分布在美国各地）同时向波士顿的一位股票经纪人发送一封信来对此进行测试。如果此人认识股票经纪人，则可以将信件发送给发件人认为最有可能转发信件的熟人。如果不认识，则寄给最有可能认识他的也认识你的人。再继续这个规则。

问题是：这封信在到达被测试人之前到底需要中转多少人？

结果显示，发件人和收件人之间最多只需要中转6个人。

根据这个结果，后来延伸到据说它适用于全球每一个人。比如你与美国总统之间或你与Lady Gaga之间——最多只需要6个人——你们就会有关系。

米兰大学后来在脸书上进行了一项研究，显示的距离更小！如今，这个数字在4到5人之间。

也许你认为世界很小，实际上它就是很小！

你想联系的人就在那里。他们需要你的技能、服务或产品。那些确切地对你所提供的内容感兴趣的人，要么是你的朋友，要么是熟人。你与世界上任何一个人之间想建立起联系，只需要5个人，有时甚至都不需要。

在任何情况下，销售数字、图表和历史记录都可以令人信服，但这都不是人们决定购买东西的重要因素。人们买或不买，决定性因素在你。**如果他们"购买"你，你将有一切机会影响世界。**

你一开始就已经具有决定性的印象，现在更知道了。而且，如果你成功做到，你将不仅会影响你身边的人，还会影响，他认识的所有人。

我们出生的时候并不孤独，也不希望孤独地结束生命，他人如何看待我们至关重要。如果我们知道人们是如何相互理解的，那么这是一种能力，其价值超出了我们的想象。

对于建立良好的第一印象或建立良好的关系，这些都是艺术，也是成功的秘诀——无论是私人的还是专业的。

我们都怀有先入为主的见解、偏见或成见。我们判断别人，也被别人判断。我们给别人留下深刻的印象，也对别人留下深刻的印象。最终，决定我们社会氛围的是超越自己的刻板印象的能力。

我希望看完本书后，你已经更好地准备去会见任何一个人。你要积极打开心扉，而不是关上它。只有共同努力，才能创造一个我们想要的生活世界。

在较早的章节中，我告诉了你我是如何因头部受伤（两次严重骨折和两次严重出血）而患病的。

我当时在卡罗林斯卡医院的ICU病房（重症监护室），但后来被转移到丹德利医院（位于斯德哥尔摩城市北部）的大脑康复中心。在那里，我交了几个朋友。一些曾发生过摩托车事故，其他患了中风或其他先天性疾病，但现在才被发现。我的一个新朋友在伦敦被一辆公共汽车撞了，我们曾经一起去做物理理疗或职业理疗。

我迅速习惯了住院科室里的生活方式，很快就没有感觉到什么令人惊讶的事情了。那个在伦敦遭遇车祸的朋友有一部分脑组织被冻起来了，现在这些仍留在英国，等以后再运到瑞典。

病房里有些病人坐在轮椅上，我们当中有些人可以走路，看来我们身上没有任何医学上的"错误"。

我的骨折终于愈合了，尽管很缓慢。总而言之，此过程要花费好几个月。在这段时间里，我将被训练成为一个功能全面恢复的人，并同时能以各种可能的方式控制自己。

我已经成为正常人了吗？我可以应付日常生活吗？我可以交谈、走路，看上去"正常"，但是有没有注意到任何认知变化？

我们进行举重训练，在水中运动，在医院长长的地下走廊上练习走路。我们尝试记住事物，在电脑上进行测试，手工制作陶瓷和木制品。

第一次离开之前，医护人员想测试我是否可以做早餐。任务是煮茶，然后把热水倒进杯子里，接着是烤一块法式煎饼。我还要煮一个鸡蛋，并确保所有这些食物最终都放在托盘上，分好，摆好，准备好被吃掉。这些都没问题。

另一个测试是吸尘。这个工作我自己感觉失败了，没有做得更好！我蜻蜓点水似的这儿吸一下，那儿吸一下，马马虎虎的，没有结构，没有任何系统性。但是，我自己选择了"这就是我的个性"来做事，而且以一种更加多样化和不可预测的方式让吸尘更加有趣。我想："我的头骨没有任何问题。"尽管我心中有点儿担心一切都没有达到应有的水平。

医院为我举行了一个关于对我后续护理的会议。我们所有人都隔着差不多的距离坐在该部门会议室之一的椭圆形大桌子旁：

几个医生、我的物理治疗师、职业治疗师、我的母亲、丈夫和我。当然，我做早餐和吸尘清洁测试的结果也要记录下来。

我回家时会有什么感觉？是否会有后遗症？会不会影响我日常生活的自理能力？妈妈和亚历克斯选择了站在我这一边："她会没事的。"

即使医护们不那么肯定，但大家还是一起选择了相信我没问题。

即使我没有辜负如何固定早餐或清洁房间的想法，我也设法休了第一个周末假。

就像如何吸尘没有一个唯一的方法一样，如何最好地创造第一印象也没有唯一的答案。本书没有关于你必须如何行事或与他人相处时应如何互相对待的标准答案，因为每个人包括你都拥有自己的个性、目标和生活方式。

重要的是，你现在知道是什么建立了信任并传达了影响，你还知道哪些因素对此不起作用。

因此，就我而言，我可以按照自己的方式吸尘打扫卫生。粗心地做，或细心地做，或系统地进行都可以，只要搞干净了。

祝你好运，做早餐、搞卫生、吸尘或者给人留下深刻印象的艺术——用你自己的方式！

安吉拉·阿霍拉